CW00701639

Camille Case

L'ATECHISME

essai

(c) 2010 Camille Case
Edition : Books on Demand GmbH, 12-14 rond-point des Champs Elysées,
75008 Paris
Impression : Books on Demand GmbH, Allemagne
ISBN : 9782810611539

Avertissement

« La raison offense tous les fanatismes »
Alfred de Vigny

La foi religieuse est une conviction profonde qui a évacué tout questionnement intellectuel. Pour cette raison, la foi est épidermique au point que toute critique peut être perçue comme une agression souvent blessante. Ce livre frottera donc la fleur de peau des croyants sans qu'il en ait l'intention, son seul souci est d'annoncer la bonne nouvelle : le monde n'a pas besoin d'un dieu. Autre bonne nouvelle, le monde n'a pas besoin des religions et il s'en portera mieux.

Si le « d » du mot dieu n'est pas majuscule c'est qu'il est considéré comme un concept.

L'atéchèse

« Une idée sans exécution est un songe. »
Saint Simon

Si le catéchisme (instruire de vive voix) fait l'objet d'une catéchèse, il n'y a aucune raison que l'atéchisme ne fasse pas l'objet d'une atéchèse.

Pour paraphraser l'enseignement officiel du dogme catholique romain : nous appellerons atéchèse l'ensemble des efforts entrepris par les Hommes de bien pour faire de leurs semblables des Hommes libres, pour les aider à discerner la réalité du mensonge.

L'atéchèse est une éducation de l'esprit des enfants, des jeunes et des adultes, qui comprend spécialement un enseignement sur la raison et son utilisation dans le but du bonheur.

L'atéchèse recherche des raisons de ne pas croire ; conduit les Hommes à expérimenter le réel et à en tirer une jubilation qui s'ajoute au bonheur.

L'atéchèse est une voie qui tend à libérer, à ôter le joug des dogmes religieux. En ce sens, elle n'a d'autre universalité que celle des Hommes.

L'atéchèse puise des savoirs toujours nouveaux dans les découvertes scientifiques ajoutant un peu plus de clarté là où ne régnait que l'ombre, ajoutant de la fraîcheur aux sagesses antiques.

Dénué, de dogme, l'atéchèse n'a pas de contenu, elle est l'affaire de chacun confrontée à l'affaire de l'autre. C'est un prétexte à la rencontre, au débat, aux questions.

Enfin, l'atéchèse est l'enseignement du combat toujours recommencé de la libre pensée.

Rien de rien

« L'absence c'est Dieu. Dieu, c'est la solitude des hommes. » Jean-Paul Sartre

Nulle trace d'un ou de dieux dans l'histoire du monde, aucune preuve scientifique de son action sur le monde, aucun phénomène qui nécessite une explication surnaturelle et pourtant des milliards de personnes croient en l'existence d'un ou de dieux qui auraient créé le monde voire qui continueraient d'agir sur lui.

On peut imaginer qu'à des époques très reculées, les Hommes ont cru que la Lune était un dieu. Qu'en serait-il de cette croyance aujourd'hui ? Prise abusive d'opiacées, dérèglement neuronal, considération éthylique… une multitude de raisons pourrait être invoquées pour expliquer une telle croyance et nul doute que des soins attentifs seraient prodigués à ces croyants ; on peut même penser qu'ils feraient l'objet d'études approfondies. Pourquoi les « luniens » (ceux qui croient en la divinité de la lune) seraient considérés comme illuminés ou fous et pas les chrétiens, les musulmans, les bouddhistes… ?

Pourtant la science a expliqué ce qu'est la lune, comment elle fut créée, à quelles lois elle obéit, comment elle affecte notre planète ; de la même manière l'ensemble des sciences a décrit les mécanismes de la vie, de la mort des êtres et des choses et il reste encore tant d'inconnu à connaître. Dans toute l'histoire, l'obscurantisme a reculé devant le savoir malgré les tentatives violentes des superstitions à maintenir la platitude de la terre, à nier l'évolution du vivant, à créer des mondes d'avant et des mondes d'après. Au XXIe siècle, les « luniens » s'accrochent toujours sans avoir décroché l'astre nocturne.

Il y aurait une bonne dizaine de raisons pour dire aux « luniens » de descendre. Il y a autant de raisons de penser qu'il est temps de sortir des contes de fée, des phantasmes de promenade sur l'eau, des privations « ramadanesques », des jihads et autres croisades pour enfin rechercher un bonheur là et pas ailleurs.

De quoi parlons-nous ?

« L'Homme ne croit pas en Dieu. Il craint en Dieu. » Rivarol

Il conviendra de faire une différence entre « croire en », être convaincu de… ; « Croire à », attribuer une existence à… et « Croire que », émettre une opinion…

Pour clarifier notre propos, tentons de préciser le sens de quelques mots de vocabulaires

. *Croyant(e)s* : Celles et ceux qui croient en une présence invisible, présence qui revêt des formes aussi variées que l'esprit des morts, les elfes, les anges, les démons, dieu… Celles et ceux qui croient à la manifestation de cette présence : buisson ardent, grotte de Lourdes, Ange Gabriel, prières exaucées… et celles et ceux qui croient que la mort est un passage vers un au-delà : réincarnation, mille vierges, paradis, résurrection…

Cet invisible, parcimonieusement manifesté, fait l'objet de rituels de toutes sortes : danses, chants et prières psalmodiées pour que la vie soit bonne ici bas et pour toucher la récompense éternelle.

. *Foi* : Confiance aux croyances énoncées ci-avant en dépit de toute absence de preuve ; autrement dit : déni du réel. La foi est un objet de fierté pour celles et ceux qui en sont frappés, c'est un défi infantile lancé : « même pas cap' ».

. *Agnosticisme* : L'invisible n'est pas accessible à l'entendement. Il se peut donc qu'il existe mais il se peut qu'il n'existe pas. Une sorte de centrisme religieux dans l'attente de preuve.

. *Athéisme* : Celles et ceux qui ne croient pas en une présence invisible. L'athéisme nie toute forme de divinités, créatures surnaturelles, arrière-mondes. L'athéisme n'a pas à faire la preuve de l'inexistence de dieu puisqu'il n'en émet pas l'hypothèse. En ce sens l'athéisme ne s'appuie sur aucun dogme, ni corpus idéologique. Il affirme simplement que le monde n'a pas besoin de dieu.

L'athée fait l'objet d'un vocabulaire très riche employé par les croyants pour le désigner : hérétique, blasphémateur, impie, impénitent, libertin, infidèle, mécréant, irréligieux… tous ces mots très évocateurs de l'amour du prochain.

. *Théisme* : Existence d'un dieu créateur qui influe sur le monde au-delà de sa création. Il s'agit pour le croyant d'attirer la grâce de dieu par des rituels.

. *Déisme* : Existence d'un dieu créateur qui n'influe pas sur la marche du monde.

. *Polythéisme* : Existence de plusieurs dieux

. *Monothéisme* : Existence d'un seul dieu

. *Mécréant* : du verbe mécroire « refuser de croire ».

Contre genèse

« A quoi est due la chute d'Adam et Eve ? C'était une erreur de Genèse. » Boris Vian

Nous appliquerons ici le principe d'Occam ; ainsi, plus de treize milliards d'année tiennent en peu de pages.

10^{-43} secondes après la création de l'univers est la limite de notre connaissance. Après lui, les phénomènes sont connus, expliqués, expérimentés et très poétiques ; faits de chaleur, d'expansion, de naines blanches et de géantes rouges, de trous noirs et de fontaines blanches, de cordes et d'hyper cordes, de nuages et de galaxies. Un monde relatif depuis Einstein et incertain depuis Heisenberg, à la périphérie duquel se trouve la Terre. Sur cette Terre, apparition de la vie, simple au début et se complexifiant de la molécule en passant par la cellule jusqu'à nous. Là encore, le processus est connu, et, depuis Darwin, nous comprenons mieux les causes de la complexité, de la variété et de la diversité.

Une belle histoire en somme, une accumulation d'opportunités et de hasards, longtemps inexpliquée, partiellement compréhensible, nous dépassant encore.

Il y a une dizaine de millénaires au plus, un fait a bouleversé l'humanité et la bouleverse encore : l'invention de dieu. Il fallait en effet pour cette humanité en marche vers les civilisations vaincre deux angoisses : d'une part le non-sens de la vie et de sa fin, et d'autre part, répondre aux questionnements sur le fonctionnement des choses et des êtres.

Il y a environ cent mille ans, des individus enterrent leur mort, fabriquent des sépultures, donnant un lieu aux morts et proposent ainsi une espérance à l'absence.

Comment expliquer l'inexplicable sans sciences ? En racontant une histoire, en créant des mythes puis, à l'invention de l'écriture, en écrivant des contes : l'épopée de Gilgamesh (2700 ans av JC), la Bhagavad-Gita (2ème siècle av JC), l'Odyssée (8ème siècle av JV, l'Enéide (19 av JC), la divine comédie (13ème siècle), La quête du Saint Graal (13ème siècle), les contes de Canterbury (1340 – 1400), Le petit Poucet, Moby Dick, Alice au pays des merveilles… Parmi eux la Thora, la Bible et le Coran. Pourquoi ces trois contes plutôt que les autres ont-ils fait l'objet d'une croyance? Ce sont des livres réputés avoir été dictés par dieu aux hommes pour les soulager des angoisses existentielles. A la mort, le Livre répond vie éternelle ce qui semble certainement plus supportable. A l'inconnu du pourquoi du monde, le Livre répond par la démiurgique prouesse d'une création de l'univers en quelques jours sans que l'on sache si le créateur supposé fut doué en chimie, en physique, en mécanique quantique, en biologie… Tout ce que nous savons c'est qu'il fut très vitre fatigué.

Au non-sens de la vie et de sa genèse, le Livre répond par l'absence de hasard puisqu'il s'agit de la volonté d'un super-homme qui a un plan s'articulant autour d'une idée simple : combattre le mal et faire le bien pour obtenir une récompense. Fallait-il être dieu pour élaborer une pensée de ce niveau ?

L'athéisme, une histoire de la libre-pensée

« Dieu a dit : « Tu aimeras ton prochain comme toi-même. » D'abord, Dieu ou pas, j'ai horreur qu'on me tutoie ». Pierre Desproges

Il fut peut-être un temps, probablement lointain, où les Hommes vécurent sans dieux, sans croyances ni superstitions ; amusons-nous à imaginer comment ont pu se transformer des mondes sans dieux. Les groupes s'organisèrent en tribus, se sédentarisèrent et s'organisèrent en villages ; les hiérarchies naquirent. Le pouvoir, s'il veut durer ne peut se soumettre à l'éphémère, à la temporalité de son exercice. Il fallut donc qu'il y eut quelque chose après la mort qui régna encore : l'esprit des anciens, l'âme du pharaon… Le pouvoir c'est aussi le savoir ; le monde devait être explicable particulièrement dans sa cause initiale. Une source de connaissance imaginaire et délocalisée dans l'invisible (la voix de dieu) ne fut accessible qu'à certains prophètes ou initiés (prêtres, sorciers, chamans, hiérophantes…) ; les dieux et leurs hiérarchies temporelles naquirent.

Certains hommes du temps sans dieux survécurent aux croyances malgré les chats noirs, malgré les passages malheureux sous les échelles, malgré tant de sel renversé, malgré l'avis défavorable des entrailles de poulet, malgré les miroirs brisés ; on les appela athées. Epris de liberté, ils luttèrent contre l'oppression des pouvoirs religieux inspirateurs des pouvoirs politiques. L'histoire étant écrite par les vainqueurs, les vies de ces femmes et de ces hommes ont été effacées de l'histoire, leurs écrits partis en fumée sur les buchers de la censure, leurs corps ensevelis dans l'oubli de la mémoire commune.

Quelques uns n'ont pas totalement disparu et ce sont ces quelques uns qui nous rappellent à la raison, un hier salutaire pour le salut d'aujourd'hui.

Quelles étaient les questions dans la Grèce antique là où naquit la pensée occidentale ?

Les débats portaient sur les finalités de la vie et certains pensaient qu'elles n'en avaient pas, d'autres les cherchaient ailleurs, chez les dieux ou dans les Idées chères (très chères) à Platon.

Les VIème et Vème avant notre ère virent l'apparition des Sophistes et des Cyrénaïques, philosophes et orateurs cultivés, mais aussi militants du désordre comme moyen de questionner l'ordre de la pensée. Fréquemment agnostiques, plus rarement athées, ces philosophes sont les créateurs de l'éthique, prônant la loi des Hommes et seulement elle pour trouver les arrangements nécessaires à la vie ensemble : la démocratie en fut un exemple. L'espace et le temps sont conjugués au présent : rien avant, rien après, rien en-deçà, rien au-delà. Tout est ici et maintenant et c'est dans ce champ disponible qu'il convient de trouver le bonheur. Tout procède du corps et le bonheur consiste en ces plaisirs accumulés par le corps ; en cela ces philosophes s'opposeront au dualisme : un corps et une âme. Il n'y a rien d'autre à attendre que du corps ; pas d'immortalité prévisible, par d'éternité qui n'en finit pas, pas de salut pour demain.

Cette philosophie fut vaincue par les Idées, le dualisme, le monde des dieux puis de dieu. Notons aujourd'hui la péjoration des mots comme « hédoniste » «matérialiste » « sophisme » ; l'obscurantisme religieux a eu tôt fait d'ensevelir sous les superstitions ces sagesses anciennes qui nous parviennent aujourd'hui démantelées par les ostracismes des tenants du ciel. Les quelques fragments qui nous restent constituent de précieux témoignages du goût des Hommes pour la liberté.

. Théodore de Cyrène (465 – 398 av JC)

Il s'est opposé aux superstitions, aux croyances, et s'est efforcé de montrer l'inexistence des dieux. Il fut irrévérencieux vis-à-vis des pouvoirs selon ce qu'en dit Diogène Laërce. Les historiens discutent encore de son athéisme ou de son agnosticisme. Un trait caractérise ce philosophe : son refus affiché et argumenté des pouvoirs tirant leur légitimité d'un « ailleurs ». Il fut accusé par les sycophantes et dut fuir Athènes.

Selon Sylvain Gullo dans : « Théodore de Cyrène dit l'athée puis le divin », Théodore a tenté de détruire les croyances en des puissances surnaturelles anthropomorphes : « les dieux sont des hommes du passé déifiés par les peuples ». Cette critique radicale vient de loin et nous semble si proche. A considérer les croyances contemporaines, saints et prophètes (les dieux antiques revisités), le discours de Théodore serait probablement aussi juste ; les superstitions n'ont pas changé depuis 2500 ans puisque leur dénonciation reste à propos.

. Diagoras de Mélos (vers 400 av JC)

« Toi qui penses que les dieux ne s'occupent pas des affaires humaines, ne vois-tu pas, d'après ces peintures, combien sont nombreux ceux qui, grâce à des vœux, ont échappé à la fureur de la tempête et sont parvenus au port sains et saufs ? » Ce à quoi Diagoras aurait répondu : « Non, car nulle part on n'a peint tous ceux qui ont fait naufrage et ont péri en mer. » »

Lui aussi dut fuir Athènes comme beaucoup de ceux qui discouraient contre le surnaturel. Il convient à partir de ce texte de réaliser la difficulté d'identifier un athéisme radical chez ces philosophes antiques. En effet, entre ceux qui pensaient que les dieux n'interviennent d'aucune façon dans les affaires des hommes et ceux qui pensaient qu'ils n'existaient tout simplement pas, la différence n'est pas toujours perceptible, peu de documents ou témoignages en effet, nous sont parvenus pour nous éclairer davantage.

Mais finalement quelque chose les relie : la dénonciation de la superstition ; le monde n'a pas besoin des dieux pour aller comme il va. Recevons en héritage cette radicalité là, elle nous invite à revenir sur terre, à user du temps compté pour y inscrire quelques traces de bonheur humain sans arrière pensée ni arrière monde.

. Critias (460 – 403 av JC)

Sextus Empiricus (IIème et IIIème siècle) attribue ces paroles à Critias : *« C'est ainsi, je le crois, que quelqu'un, le premier, persuada les mortels de former la pensée qu'il existe des dieux ».*
L'anthropomorphisme est un des arguments de l'athéisme, il s'agit bien d'une inversion du processus de création : l'Homme créa dieu à son image.

. Prodicos de Céos (470 – 390 av JC)

Prodicos démontrait que la notion de dieu était une invention humaine ; étaient dieux tout ce qui pour l'homme était utile : eau, soleil, feu. Quand ces éléments furent moins mystérieux, ce sont les héros ou personnages remarquables qui furent élus dieux. La genèse des dieux est humaine.

. Evhémère d'Agrigente (IVe siècle av JC)

Ce philosophe expliquait le processus de divinisation ;
il a ainsi élaboré une biographie de chaque dieu de
leur naissance à leur mort dans le but de proposer une
explication psychologique aux croyances ; Freud
avant Freud.

Il privilégie le bon sens et l'expérience pour se libérer
des superstitions.

Saint Théophile d'Antioche dira de lui : « Le sentiment
d'Evhémère, cet homme d'une si profonde impiété, ne
me semble pas mériter d'être rapporté. » C'est un
compliment ! *« Parce qu'un homme a tort de ne pas
croire en Dieu, avons-nous raison de l'injurier ? On
n'a recours aux invectives que quand on manque de
preuves. »* Diderot.

Plus tard, d'autres reprirent le chemin délaissé pour
poursuivre l'œuvre humaine entamée. Si les chapes
religieuses ont recouvert l'intelligence de magie, si la

résistance s'est tue, c'est pour mieux se faufiler à travers les pals, les buchers, les gibets et garder en secret les clartés humaines pour qu'un jour elles deviennent Lumières.

. Jan Vraesen (début du XVIe siècle), auteur présumé (parmi d'autres) du « Traité des trois imposteurs : Moïse, Jésus, Mahomet »

« Si par exemple, une pierre tombe sur quelqu'un et le tue, il faut bien, disent-ils, que cette pierre soit tombée à dessein de tuer cet homme, cela ne pouvant être arrivé que parce que Dieu l'a voulu. Si on leur répond que c'est le vent qui a fait tomber cette pierre justement en même temps que l'homme passait, ils vous demandent pourquoi l'homme passait précisément au même temps que tombait la pierre ? Si vous leur répliquez alors que le vent était impétueux, car la mer était agitée les jours précédents, encore qu'il ne parût en l'air aucune agitation, et que cet

homme, ayant été prié d'aller manger chez un ami, il allait alors au rendez-vous, ils vous demandent encore ; car ils ne se rendent jamais, pourquoi cet homme était convié chez son ami en ce temps- là, plutôt qu'un autre ? Faisant ainsi une infinité de questions, pour tâcher de faire avouer que la seule volonté de Dieu, qui est l'asile des ignorants, est la cause de cette chute. »

Toujours trouver du sens même à ce qui, étymologiquement, est insignifiant, voilà pourquoi nous croyons. Comment rendre supportable cette mort idiote sinon en pensant qu'elle fait partie d'un plan qui nous échappe. Dieu commande à la pierre !

« Où était Dieu pendant la Shoah ? Cette question apparait comme la plus difficile. Si elle doit être posée, le simple fait de vouloir commencer à y répondre nous amène à nous perdre. Aucune réponse ne pourra jamais être apportée parce que l'intelligence de

l'homme se heurte alors à l'indicible. » Rabbin Gabriel Fahri.

Dernier bastion du croyant : l'indicible, l'impossible à dire, « je n'ai pas accès à cette vérité là » : et quelle vérité en l'occurrence ! Un massacre organisé, arrêté par une guerre et des millions de morts. Tous ces enfants, femmes et hommes engloutis dans l'horreur ont des noms, ceux qui ont commis ces crimes ont des noms, c'est donc dicible.

Non, ce génocide et tous les autres, ce massacre et tous les autres n'ont pas de sens, ils ne trouvent leur origine que dans l'Homme et n'arrivent que par l'Homme, ils ne sont combattus que par Lui. Indicible ou « mystères » sont les arguties préférées des prêtres : mystère de la sainte trinité, mystère de l'incarnation, mystère de la rédemption ; la déraison, en ultime défense, se replie dans le mystère pour ne pas capituler en rase pensée.

. Jean Meslier (1664 – 1729)

Considéré comme le principal contributeur au renouveau de l'athéisme en France, inspirateur des lumières, Jean Meslier, curé de son état, écrit une critique radicale de la religion catholique, prônant un athéisme sans concession.

« Comme il n'y a aucune secte particulière de Religion qui ne prétende être véritablement fondée sur l'autorité de Dieu, et entièrement exempte de toutes les erreurs et impostures qui se trouvent dans les autres, c'est à ceux qui prétendent établir la vérité de leur secte à faire voir qu'elle est d'institution Divine, par des preuves et des témoignages clairs et convaincants, faute de quoi il faudra tenir pour certain qu'elle n'est que d'invention humaine, pleine d'erreurs et de tromperies car il n'est pas croyable qu'un Dieu tout-puissant, infiniment bon, aurait voulu donner des lois et des ordonnances aux hommes, et qu'il n'aurait pas

voulu qu'elles portassent des marques plus sûres &
plus authentiques de vérité que celles des imposteurs
qui sont en si grand nombre. Or, il n'y a aucun de nos
Christicoles, de quelque secte qu'il soit, qui puisse faire
voir, par des preuves claires, que sa Religion soit
véritablement d'institution Divine ; et pour preuve de
cela, c'est que depuis tant de siècles qu'ils sont en
contestation sur ce sujet les uns contre les autres,
même jusqu'à se persécuter à feu et à sang pour le
maintien de leurs opinions, il n'y a eu cependant
encore aucun parti d'entre eux qui ait pu convaincre
et persuader les autres par de tels témoignages de
vérité, ce qui ne serait certainement point, s'il y avait
de part et d'autre des raisons ou des preuves claires et
sûres d'une institution Divine : car comme personne
d'aucune secte de Religion, éclairé et de bonne foi, ne
prétend tenir et favoriser l'erreur et le mensonge, et
qu'au contraire chacun de son côté prétend soutenir la
vérité, le véritable moyen de bannir toutes erreurs, et

de réunir tons les hommes en paix dans les mêmes sentiments et dans une même forme de Religion, serait de produire ces preuves et ces témoignages convaincants de la vérité, et de faire voir par là que telle Religion est véritablement d'institution Divine, et non pas aucune des autres. Alors chacun se rendrait à cette vérité, et personne n'oserait entreprendre de combattre ces témoignages, ni soutenir le parti de l'erreur et de l'imposture, qu'il ne fût en même temps confondu par des preuves contraires ; mais comme ces preuves ne se trouvent dans aucune Religion, cela donne lieu aux imposteurs d'inventer et de soutenir hardiment toutes sortes de mensonges. Voici encore d'autres preuves qui ne feront pas moins clairement voir la fausseté des Religions humaines, & surtout la fausseté de la nôtre. » – Extrait de: « Le testament » –

Dieu ne peut faire lui-même la preuve de son existence, ses suppôts sont frappés d'imposture ce qui ne les empêche pas de vouloir imposer leur mensonge au monde.

. Helvetius (1715 – 1771)

Les hommes transforment leur environnement pour leur plus grand bien. Comme ses antiques prédécesseurs, Helvetius propose une morale absorbée par la loi des Hommes.

« Ne savez-vous pas que Galilée fut indignement traîné dans les prisons de l'inquisition, pour avoir soutenu que le soleil était immobile au centre du monde, que son système scandalisa d'abord les imbéciles, et leur parut absolument contraire à ce texte de l'écriture, arrête-toi, soleil ? Cependant d'habiles théologiens ont depuis accordé les principes de Galilée avec ceux de la religion. Qui vous assure qu'un théologien, plus heureux ou plus éclairé que vous, ne lèvera pas la contradiction que vous croyez

apercevoir entre votre religion et l'opinion que vous condamnez ? Qui vous force, par une censure précipitée, d'exposer, si ce n'est la religion, du moins ses ministres, à la haine qu'excite la persécution ? Pourquoi, toujours empruntant le secours de la force et de la terreur, vouloir imposer silence aux gens de génie, et priver l'humanité des lumières utiles qu'ils peuvent lui procurer ? » – Extraits de «De l'esprit » –

Helvetius décrit la tentative religieuse de soumettre le réel au dogme. Quand ce n'est plus possible, les idéologues plient les textes, les réinterprètent pour sauvegarder la véracité de la révélation. Encore aujourd'hui, le dogme tente de résister au réel : *« Je dirais qu'on ne peut pas surmonter ce problème du sida uniquement avec de l'argent, pourtant nécessaire. Si on n'y met pas l'âme, si les Africains n'aident pas [en engageant leur responsabilité personnelle], on ne peut pas résoudre ce fléau par la distribution de préservatifs: au contraire, ils augmentent le problème.* » – Déclaration de Benoît XVI du 17 mars 2010–

Le soleil tourne toujours autour de la terre ! Toutefois, les conséquences d'une telle position peuvent être lourdes. Une pensée qui ne mesure pas l'effet nuisible de sa formulation est un dogme inhumain.

. D'Holbach (1723 – 1789)

"Les hommes, pour la plupart, ne tiennent à leur religion que par habitude. Ils n'ont jamais examiné sérieusement les raisons qui les y attachent, les motifs de leur conduite, les fondements de leurs opinions. Ainsi la chose que tous regardent comme la plus importante pour eux fut toujours celle qu'ils craignirent le plus d'approfondir. Ils suivent les routes que leurs pères leur ont tracées ; ils croient parce qu'on leur a dit dès l'enfance qu'il fallait croire ; ils espèrent parce que leurs ancêtres ont espéré ; ils

tremblent parce que leurs devanciers ont tremblé ; presque jamais ils n'ont daigné se rendre compte des motifs de leur croyance. C'est ainsi que les opinions religieuses, une fois admises, se maintiennent pendant une longue suite de siècles. C'est ainsi que d'âge en âge les nations se transmettent des idées quelles n'ont jamais examinées. Elles croient que leur bonheur est attaché à des institutions dans lesquelles un examen plus mur leur montrerait la source de la plupart de leurs maux. L'autorité vient encore à l'appui des préjugés des hommes, elle leur défend l'examen, elle les force à l'ignorance, elle se tient toujours prête à punir quiconque tenterait de les désabuser. Cependant il se trouva dans tous les siècles des hommes qui, détrompes des préjugés de leurs concitoyens, osèrent leur montrer la vérité. Mais que pouvait leur faible voix contre des erreurs sucées avec le lait, confirmées par l'habitude, autorisées par l'exemple, fortifiées par une politique souvent complice de sa propre ruine ?

Les cris imposants de l'imposture réduisirent bientôt au silence ceux qui voulurent réclamer en faveur de la raison." – Extrait de « Le Christianisme dévoilé » –

« *Erreurs sucées avec le lait* » ; d'Hollbach invoque l'habitude, la coutume comme facteur de longévité des religions. Encore aujourd'hui, nous soumettons nos enfants au baptême, à la bar mitzvah et autres rituels ; nous nous marions à la mosquée, à l'église ou au temple, nous sommes enterrés par des robes noires ou des barbus. Pourquoi ? Parce que cela se fait ? Pour faire plaisir à la famille ? Par convention ? Le rituel n'est plus questionné, la raison n'est plus invoquée alimentant les superstitions, conférant nos pouvoirs à des magiciens de l'au-delà, perpétrant ainsi les idéologies et le pouvoir de leurs affidés. Certes, ces rituels entretiennent des liens sociaux ; les rituels républicains se sont appauvris laissant des espaces à la magie.

. Feuerbach (1804 – 1872)

« La vérité absolue est contenue en fait dans la Bible en esprit dans la foi. En face de la parole de Dieu, je ne puis que croire et me soumettre. Il ne reste plus à la raison et à l'intelligence qu'une occupation formelle et subordonnée ; leur position devient fausse, contradictoire à leur nature. Elles sont indifférentes à la distinction du vrai et du faux, n'ayant plus en elles-mêmes leur criterium. Ce qui est dans la révélation est vrai, lors même que c'est en contradiction directe avec elles. Livrée sans défense aux hasards de l'empirisme le plus grossier, obligée de croire tout ce qu'elle trouve dans le livre sacré et de le défendre s'il en est besoin, l'intelligence est le canis Domini; elle doit se laisser imposer comme des vérités toutes les choses possibles sans distinction aucune, car la critique serait doute et profanation ; il ne lui reste donc plus qu'une manière de penser frivole, vague, mensongère, intrigante. Mais, plus l'homme s'éloigne de l'époque de la révélation,

43

plus sa raison mûrit et s'élève à l'indépendance, plus ressort nécessairement la contradiction entre l'intelligence et la foi. Le croyant ayant désormais pleine conscience de sa contradiction avec lui-même, avec la vérité, avec la raison, ne peut plus défendre que par un péché contre l'Esprit-Saint la vérité et la divinité de la parole révélée. » – Extrait de « Essence du Christianisme » –

« *Canis domini* », le chien du maître, l'intelligence à la niche ; dans la gamelle : le mensonge. Il ne tient qu'à nous de briser la chaîne, de défaire le collier et de retrouver l'espace de la question, le champ du blasphème, les horizons de la liberté de pensée par soi-même.

. Marx (1818 – 1883)

« *L'abolition de la religion en tant que bonheur illusoire du peuple est l'exigence que formule son bonheur réel. Exiger qu'il renonce aux illusions sur sa situation c'est exiger qu'il renonce à une situation qui a besoin d'illusions. La critique de la religion est donc en germe da critique de cette vallée de larmes dont la religion est l'auréole. (...)*

La critique de la religion détruit les illusions de l'homme pour qu'il pense, agisse, façonne sa réalité comme un homme sans illusions parvenu à l'âge de la raison, pour qu'il gravite autour de lui-même, c'est-à-dire de son soleil réel. La religion n'est que le soleil illusoire qui gravite autour de l'homme tant que l'homme ne gravite pas autour de lui-même. »
– Extrait de « Critique de la philosophie du droit de Hegel » –

« *Renoncer à une situation qui a besoin d'illusions* »
Supporter notre condition parce qu'elle aura une fin heureuse ailleurs, lutter contre nos aspirations au nom d'une éternité qui les permet toutes, réguler nos rébellions pour accéder à un monde d'après qui n'en a

nul besoin. Supporter l'insupportable et les pouvoirs s'en porteront mieux et pour longtemps. Se défaire du joug religieux est la première révolution, celle de l'esprit. On comprend l'anticommunisme haineux de l'Eglise et de ses affidés et leurs alliances avec tous les régimes fascistes, totalitaires et autoritaires qui avaient pour projet de combattre le communisme ou de s'en préserver.

. Nietzsche (1844 – 1900)

« Eh quoi ! L'humanité serait-elle elle-même en décadence ? L'aurait-elle toujours été ? Ce qu'il y a de sûr c'est qu'on ne lui a enseigné en fait de valeurs supérieures que des valeurs de décadence. La morale de l'oubli de soi est une morale de décadence par excellence, c'est la constatation'« Je suis en train de périr » traduite par l'impératif « Il faut que vous périssiez tous », et pas seulement par l'impératif !...

Cette morale du renoncement, la seule qu'on ait enseignée jusqu'ici, trahit la volonté de mourir, elle nie la vie dans ses racines les plus profondes. Il nous reste une seule possibilité : que ce ne soit pas l'humanité qui soit en dégénérescence, mais seulement cette race parasite des prêtres qui s'est élevée par ses mensonges au rang d'arbitre des valeurs et qui a trouvé dans la morale chrétienne l'instrument de son ascension... car je suis bien d'avis que tous les maîtres et les meneurs de l'humanité, tous théologiens les uns comme les autres, étaient tous aussi décadents. C'est ce qui explique qu'ils aient détrôné les vraies valeurs pour les remplacer par des valeurs de mort, c'est ce qui explique la morale... Définition de la morale : une idiosyncrasie de décadents guidés par l'intention cachée de se venger de la vie, intention d'ailleurs couronnée de succès. J'attache de l'importance à cette définition. » – Extrait de « Ecce Homo » –

Nietzsche parlait de « morale du ressentiment » ; nous naissons fautifs, condamnés au travail et à la cendre :

« Il dit à l'homme : puisque tu as écouté la voix de ta femme, et que tu as mangé de l'arbre au sujet duquel je t'avais donné cet ordre : Tu n'en mangeras point! Le sol sera maudit à cause de toi. C'est à force de peine que tu en tireras ta nourriture tous les jours de ta vie, il te produira des épines et des ronces, et tu mangeras de l'herbe des champs.

C'est à la sueur de ton visage que tu mangeras du pain, jusqu'à ce que tu retournes dans la terre, d'où tu as été pris; car tu es poussière, et tu retourneras dans la poussière. » Genèse (3.17–19). Coupables, nous sommes encouragés à nous punir, à nous laver de la faute, à purifier notre chair trop humaine, à nous extraire du vivant pour offrir à la mort un cadavre pour faciliter son office. Ne plus renoncer à soi et dénoncer ceux qui tenteraient de nous l'imposer pour rester vivant et bon vivant.

Notons ici l'emploi par l'ensemble des religions du mot pureté prélude à la purification puis à l'épuration. Une obsession de laver plus blanc (dégout du sang des femmes) dans ces bains rituels : ces lavements de l'âme. Ces hommes de dieu manifestent des phobies qu'ils transforment en vérité.

La recherche de pureté, qu'elle soit celle de l'âme, du corps, de la race est toujours le fondement des idéologies totalitaires : l'exclusion ou l'éradication de l'autre comme il est, son inclusion comme on veut qu'il soit.

. Blanqui (1805 – 1881)

« Qui ne se rappelle ces paroles mémorables de Montalembert à la tribune législative de 1850 : « Deux armées sont en présence, l'armée du bien et

l'armée du mal. L'armée du bien, 40 000 curés ; l'armée du mal, 40 000 instituteurs. Eh bien ! Ces deux armées aujourd'hui n'en font plus qu'une. L'appel de Montalembert a été entendu. Qu'on ouvre Le Moniteur après le coup d'État, on y trouvera l'exécution littérale de son programme : les collèges partout remplacés par des jésuitières ; les instituteurs traqués comme des bêtes fauves ; les anathèmes contre le déclassement, ce qui veut dire contre l'instruction du pauvre ; l'enseignement primaire réduit au catéchisme ; dans les lycées, la suppression de la philosophie, et la bifurcation ou plutôt l'étranglement des études ; les jeunes générations livrées au clergé ; partout une guerre à mort aux lumières, partout la race du Capital appelant à grands cris le prêtre et les ténèbres au secours de son omnipotence en péril.

En ces jours néfastes, qui aurait pu retenir ses larmes devant le déchaînement de toutes les perversités contre la pensée humaine ! Quelle conscience de leur crime dans un tel acharnement !

Oh ! s'il leur eût été donné d'emporter la France loin, bien loin, au sein des plus reculés océans, avec quelle volupté de rage ils auraient anéanti tous les monuments de l'esprit humain, la lettre moulée elle-même et jusqu'au nom de l'imprimerie ! »

Cet antagonisme entre instituteur et prêtre a de nouveau été réveillé par le Président de la République française Nicolas Sarkozy dans un discours du 16 janvier 2008 : *« Dans la transmission des valeurs et dans l'apprentissage de la différence entre le bien et le mal, l'instituteur ne pourra jamais remplacer le curé ou le pasteur, même s'il est important qu'il s'en approche, parce qu'il lui manquera toujours la radicalité du sacrifice de sa vie et le charisme d'un engagement porté par l'espérance. »*

L'espérance ne pourrait être que religieuse, les Hommes ne peuvent pas y accéder par eux-mêmes. Formidable reddition de la volonté, aveu d'impuissance du croyant, délégation éternelle du destin à une soutane détentrice exclusive de la morale. La morale préexistait avant Jésus-Christ, elle régulait la violence avant que n'apparut celle du monothéisme ; elle s'appelait alors éthique : c'était une affaire d'Homme.

. Bakounine (1814 – 1876)

« Le christianisme est précisément la religion par excellence parce qu'il expose et manifeste, dans sa plénitude, la nature, la propre essence de tout système religieux, qui est l'appauvrissement, l'asservissement et l'anéantissement de l'humanité au profit de la Divinité. Dieu étant tout, le monde réel et l'homme ne sont rien. Dieu étant la vérité, la justice, le bien, le beau, la puissance et la vie, l'homme est le mensonge, l'iniquité, le mal, la laideur, l'impuissance et la mort. Dieu étant le maître, l'homme est l'esclave. Incapable de trouver

par lui-même la justice, la vérité et la vie éternelle, il ne peut y arriver qu'au moyen d'une révélation divine. Mais qui dit révélation, dit révélateurs, messies, prophètes, prêtres et législateurs inspirés par Dieu même ; et ceux-là une fois reconnus comme les représentants de la Divinité sur la terre, comme les saints instituteurs de l'humanité, élus par Dieu même pour la diriger dans la voie du salut, ils doivent nécessairement exercer un pouvoir absolu. Tous les hommes leur doivent une obéissance illimitée et passive, car contre la Raison divine il n'y a point de raison humaine, et contre la Justice de Dieu il n'y a point de justice terrestre qui tiennent. Esclaves de Dieu, les hommes doivent l'être aussi de l'Église et de l'État en tant que ce dernier est consacré par l'Église. Voilà ce que, de toutes les religions qui existent ou qui ont existé, le christianisme a mieux compris que les autres, sans excepter même les antiques religions orientales, qui d'ailleurs n'ont embrassé que des

peuples distincts et privilégiés, tandis que le
christianisme a la prétention d'embrasser l'humanité
tout entière ; et voilà ce que, de toutes les sectes
chrétiennes, le catholicisme romain a seul proclamé et
réalisé avec une conséquence rigoureuse. C'est
pourquoi le christianisme est la religion absolue, la
dernière religion ; et pourquoi l'Église apostolique et
romaine est la seule conséquente, légitime et divine.

N'en déplaise donc aux métaphysiciens et aux
idéalistes religieux, philosophes, politiciens ou poètes :
l'idée de Dieu implique l'abdication de la raison et de
la justice humaines, elle est la négation la plus décisive
de l'humaine liberté et aboutit nécessairement à
l'esclavage des hommes, tant en théorie qu'en
pratique. » – Extrait de « Dieu l'Etat » –

Révélation et révélateur, vérité et pourvoyeurs de
vérité, l'une et les autres indiscutables, assises des
pouvoirs consacrés, soutenus par des hiérarchies (du

grec hieros : « sacré »), séparés des Hommes, inaccessibles pour eux même si leurs offrandes sont les bienvenues. Les pouvoirs humains sont illégitimes quand ils se réclament d'un concept inhumain : dieu. Les organisations du pouvoir religieux ont une seule préoccupation : durer et, pour durer, asservir les corps par l'interdit et l'esprit par l'injonction.

. Proudhon (1809 – 1865)

« La religion, en premier lien, nous le déclare : la souveraineté, la propriété, la sainteté, la gloire, la puissance, en un mot, l'absolu, n'appartient qu'à Dieu : l'homme qui y aspire est impie et sacrilège. Le Psalmiste le dit, a propos même de la propriété : « La terre est au Seigneur, et tout ce qu'elle contient : Domini est terra et plentudo ejus. » Avis aux chefs de tribus et aux propriétaires de se montrer, bienfaisants envers le peuple, non avares. Comme s'il avait dit : Le

vrai propriétaire du pays de Chanaan est Jéhovah; vous n'êtes que ses tenanciers. Cette idée se retrouve à l'origine chez tous les peuples : M. Laboulaye est dans l'erreur quand il dit que la propriété est un fait contemporain de la première société. Ce qui est contemporain de la première société, c'est l'occupation momentanée, ou la possession en commun : la propriété ne vient que plus tard, par le progrès des libertés et la lente élaboration des lois.

L'absolu n'est pas moins inadmissible en politique. Cette plénitude d'autocratie qui plait au théologien, parce qu'elle est une image du gouvernement de Dieu; que le peuple conçoit et accepte avec tant de facilité, parce que l'absolutisme est d'essence religieuse, de droit divin, est justement ce que tout le monde réprouve aujourd'hui, et que dément la théorie de la séparation et de l'équilibre des pouvoirs. (…)

Ai-je besoin de dire que la philosophie, ou recherche de la raison des choses, est la guerre de la raison contre l'absolu ? Et la science, enfin, dont le prénom est analyse, la science est l'exclusion de tout absolu, puisqu'elle procède invariablement par décomposition, définition, classification, coordination, harmonie, dénombrement, etc., et que là où la décomposition devient impossible, où la distinction s'arrête, où la définition est obscure, contradictoire, impossible, là, enfin, où recommence l'absolu, là aussi finit la science. » - Extrait de « Théorie de la propriété » -

La science et la raison comme remparts à l'absolutisme pour chercher l'erreur dans les discours scolastiques brumeux, disséquer l'énoncé mensonger pour mieux le dénoncer, briser les murs métaphysiques pour ne rien découvrir qu'ils prétendaient cacher ; combat qui semblait d'un autre âge, celui de Giordano Bruno et qu'il nous faut mener sans cesse tant le peu de place laissé par la raison et immédiatement occupée par la déraison absolue.

. Kropotkine (1842 – 1921)

« Mais, à mesure que l'Eglise d'une part et le seigneur de l'autre réussissent à asservir le peuple, le droit de légiférer échappe des mains de la nation pour passer aux privilégiés. L'Eglise étend ses pouvoirs. Soutenue par les richesses qui s'accumulent dans ses coffres, elle se mêle de plus en plus dans la vie privée et, sous prétexte de sauver les âmes, elle s'empare du travail de ses serfs, elle prélève l'impôt sur toutes les classes, elle étend sa juridiction ; elle multiplie les délits et les peines et s'enrichit en proportion des délits commis, puisque c'est dans ses coffres-forts que s'écoule le produit des amendes. Les lois n'ont plus trait aux intérêts nationaux : «on les croirait plutôt émanées d'un Concile de fanatiques religieux que de

législateurs», — observe un historien du droit français.

En même temps, à mesure que le seigneur, de son côté, étend ses pouvoirs sur les laboureurs des champs et les artisans des villes, c'est lui qui devient aussi juge et législateur. Au dixième siècle, il existe des monuments de droit public, ce ne sont que des traités qui règlent les obligations, les corvées et les tributs des serfs et des vassaux du seigneur. Les législateurs à cette époque, c'est une poignée de brigands, se multipliant et s'organisant pour le brigandage qu'ils exercent contre un peuple devenu de plus en plus pacifique à mesure qu'il se livre à l'agriculture. Ils exploitent à leur avantage le sentiment de justice inhérent aux peuples ; ils posent en justiciers, se donnent de l'application même des principes de justice une source de revenus, et fomentent les lois qui serviront à maintenir leur domination.

Plus tard ces lois rassemblées par les légistes et classifiées, servent de fondement à nos codes modernes. Et on parlera encore de respecter ces codes, héritage du prêtre et du baron ! » – Extrait de « La loi et l'autorité » –

Dénonciation de la complicité entre le seigneur et le prélat, complicité à l'œuvre pour que les champs soient cultivés par les mêmes mains, pour que les tâches soient accomplies par les mêmes bras au nom d'un ordre du monde immuable voulu par dieu.
« *Heureux, vous les pauvres, car le Royaume de Dieu est à vous. Heureux, vous qui avez faim maintenant, car vous serez rassasiés. Heureux, vous qui pleurez maintenant, car vous rirez. Heureux êtes-vous, quand les hommes vous haïront, quand ils vous frapperont d'exclusion et qu'ils insulteront et proscriront votre nom comme infâme, à cause du Fils de l'homme. Réjouissez-vous ce jour-là et tressaillez d'allégresse, car voici que votre récompense sera grande dans le*

ciel. C'est de cette manière, en effet, que leurs pères traitaient les prophètes. » Tout est dit : restez là où vous êtes, supportez en silence l'oppression, acceptez la condition qui vous est faite, ne refusez pas l'injustice ; quand la loi de dieu s'impose aux Hommes !

. Sigmund Freud (1856 – 1939)

« *L'homme n'est pas tout à fait sans secours, sa science lui a appris depuis les temps du déluge, et elle continuera à accroître sa puissance. En ce qui concerne les grandes nécessités du destin contre lesquelles il n'y a pas de recours, il apprendra justement à les supporter avec résignation. Que lui importe le mirage d'une grande propriété foncière sur la lune, dont personne encore n'a jamais rien vu de ce qu'elle rapporte ? C'est en honnête petit cultivateur sur cette terre qu'il saura travailler son lopin de façon*

à ce que celui-ci le nourrisse. En dégageant de l'au-
delà ses attentes et en concentrant sur la vie terrestre
toutes ses forces ainsi libérées, il pourra
vraisemblablement obtenir que la vie devienne
supportable pour tous et que la culture n'opprime
plus personne. » – Extrait de « L'avenir d'une
illusion » –

Il serait intéressant de compter tous les temps d'une
vie consacrés à la croyance : entre les heures de
prières, les cérémonies diverses et variées… pour un
musulman pratiquant par exemple cela représente
plus d'un an pour une vie de quatre vingt années
réparti en minutes par jour ; une occupation de
l'esprit, une distraction de l'esprit soustrayant un peu
de vie chaque jour, retirant une possibilité de bonheur
chaque jour. Les prières du lever et du coucher,
l'Angélus à 7h, midi et 19h, les prières avant les repas,
les prières de remerciement, les prières d'intercession,
les prières de demande pour soi-même, les prières de

louange… occupent le temps du chrétien. La question raisonnable qui devrait se poser : « La prière est-elle efficace ? » Si non pourquoi poursuivre ?

. Bertrand Russel (1872 – 1970)

« Si je suggérais qu'entre la Terre et Mars se trouve une théière de porcelaine en orbite elliptique autour du Soleil, personne ne serait capable de prouver le contraire pour peu que j'aie pris la précaution de préciser que la théière est trop petite pour être détectée par nos plus puissants télescopes.
Mais si j'affirmais que, comme ma proposition ne peut être réfutée, il n'est pas tolérable pour la raison humaine d'en douter, on me considérerait aussitôt comme un illuminé. Cependant, si l'existence de cette théière était décrite dans d'anciens livres, enseignée comme une vérité sacrée tous les dimanches et inculquée aux enfants à l'école, alors toute hésitation à

croire en son existence deviendrait un signe
d'excentricité et vaudrait au sceptique les soins d'un
psychiatre à une époque éclairée ou de l'Inquisition en
des temps plus anciens. » – Article de 1952 –

Après sainte Thérèse, sainte Théière, croyance
irréfutable, indiscutable, cultivée de générations en
générations, entretenues par les superstitions du
quotidien ; imaginez les expressions courantes
employant le mot dieu en le remplaçant par une autre
croyance de type théière : « mais qu'est-ce que j'ai fait
à la théière ? » ou : « Si théière le veut » ou encore :
« Théière du ciel » ou : « Théière sait ce qu'il m'en a
coûté » ou enfin « Grâce à théière ».

Aujourd'hui quelques résistants, dignes héritiers de
ceux avant eux qui ne se sont pas courbés,
poursuivent cette impérieuse tâche de libération :

retrouver nos énergies pour les consacrer à cultiver notre vie.

. Patrick Declerck

« *La mort plutôt que la vie. Et voilà plus de vingt cinq siècles que de longues et noires files de pèlerin te suivent pieusement. Bigleux géomètres de l'au-delà… Cacochymes humanistes endeuillés d'impossibles idéal… Illuminés fossoyeurs de tous les plaisirs… Rien d'étonnant à ce que les chrétiens, ces charognards masticateurs de dieux crevés, ces fins gourmets de l'ordure avariée, t'aient tant aimé.* » – Extrait de « Socrate dans la nuit » – (dans ce texte le « t' » désigne Socrate).

. Michel Onfray

« A l'heure où se profile un ultime combat – déjà perdu…- pour défendre les valeurs des Lumières contre les propositions magiques, il faut promouvoir une laïcité post-chrétienne, à savoir athée, militante et radicalement opposée à tout choix de société entre le judéo-christianisme occidental et l'islam qui le combat. Ni la bible ni le coran. Aux rabbins, aux prêtres, aux imams, ayatollahs et autres mollahs, je persiste à préférer la philosophie. A toutes ces théologies abracadabrantesques, je préfère en appeler aux pensées alternatives à l'historiographie philosophique dominante : les rieurs, les matérialistes, les radicaux, les cyniques, les hédonistes, les athées, les sensualistes, les voluptueux. Ceux-là savent qu'il n'existe qu'un monde et que toute promotion d'un arrière-monde nous fait perdre l'usage et le bénéfice du seul qui soit. Péché réellement mortel… » - Extrait de « Traité d'athéologie » –

Ici et maintenant tant que ça dure… se défaire de la crainte et renouer avec notre temps pour y chercher le bonheur, renouer avec notre corps pour y trouver le plaisir, renouer avec l'horizon pour la joie de la marche, renouer avec nous débarrassés de la faute d'Adam, libérés des Idées de Platon, ne pariant définitivement plus avec Pascal, privilégiant le réel à l'hypothèse, laissant la fée clochette aux écrans de Noël.

Il nous reste à libérer la femme occidentale de Paul de Tarse, ôter le voile aveuglant aux femmes musulmanes, anéantir la barbarie de la circoncision ou l'infibulation, désarmer les « fous de dieu », rappeler à la Loi les papes et les prélats.

Pour nous, au moins dix bonnes raisons d'être athées.

« Mon chien est athée, il ne croit plus en moi »
François Cavanna

Raison numéro 1 : la génuflexion est inconfortable

« Ils ne sont grands que parce que nous sommes à genou. » Etienne de La Boétie

Les genoux, partie de notre corps hautement symbolique ; ils reçoivent notre fatigue, nos désespoirs, notre poids quand celui de la vie a fait ployer nos épaules. S'agenouiller quand tout échappe, quand l'être cher s'éteint. Ce qui nous agenouille vient de nous, notre incompréhension, notre désespoir, notre tristesse, notre joie parfois ; émotion intense qui coupe les jambes mais c'est notre émotion, déchirement douloureux mais c'est notre douleur. Et ça ne dure pas ! Parce que nous avons l'énergie, parce que nous sommes en vie, parce qu'il y a encore du bonheur à prendre, parce que le temps nous relève, parce que les genoux ne sont pas faits pour marcher.

Tous les jours, probablement plusieurs milliards d'individus se mettent à genoux ! Que se passe t-il pour ceux-ci ? Qu'est-elle cette si grande douleur pour que tous ces êtres s'agenouillent quelque fois plusieurs fois par jour ? Quelle est cette souffrance qui leur coupe les jambes ? Serait-ce une manifestation, curieuse certes, de leur joie ? J'ai fréquenté quelques églises et je n'y ai vu aucune joie à moins bien sûr qu'elle soit intérieure, très intérieure, à ce point intérieure qu'elle ne transparaît pas. Bien sûr ces sourires mécaniques de ces croyants pénétrés de leur dieu font illusion ; c'est bien le mot : illusion.

Ils s'agenouillent devant leur dieu. « Devant » n'est pas le bon mot car aucune présence notoire de la divinité n'est constatable. Ils se courbent, s'effondrent et abandonnent leur pouvoir d'humain à un fantasme, un délire, une idée, un pari insensé. A quoi pensent-ils quand ils sont dans cette position, à qui se soumettent-ils ? Qu'y aurait-il de si puissant qui fasse peur à ce point ? Quel est cet invisible personnage doté du pouvoir d'agenouiller l'Homme ; y aurait-il une arme invisible sur leur tempe, devant une fosse qui les attend ? Qu'attendent-ils dans cet échange : « je te donne mon pouvoir tu me donnes la vie sauve ? » Le pardon ? Le bonheur ? La santé ? Du travail ? La guérison ? La paix ? L'amour? En toute raison, on ne s'agenouille pas devant l'horoscope.

Ils ont ainsi détourné cette posture humaine et l'ont perverti pour en faire une attitude de soumission, d'abandon de son humanité, laissant à une croyance l'énergie de nous relever : « Selon la volonté de Dieu »,

« Incha'Allah ». Ils ne sont plus sujets mais objets, plus auteurs mais acteurs d'un texte qui n'est pas le leur ; ils ne sont plus debout après ces millions d'années qu'il aura fallu à notre espèce pour conquérir cette verticalité qui permet la parole, qui libère les bras, qui fait de nous des humains.

A genoux devant la terreur divine ! Il s'agit bien d'une terreur entretenue par le texte, promesses de punitions de tous ordres entre le feu éternel, les fleuves de sang, les statues de sel ; l'inquisition portée au rang d'institution transcendante, sans que nous puissions constater une quelconque toute-puissance capable de telles exactions. Les croyants s'agenouillent, entretenant ainsi leur peur, délaissant leur autonomie, abandonnant leur raison.

Vaincus avant d'avoir combattu, soumis avant de s'être rebellés, serviles sans connaître leur maître ; sauvés disent-ils, mais de quoi ?

Examinons ce « quoi » ! Prenons l'exemple d'un fabricant de programmes informatiques (nous sommes loin du sujet pensez-vous ! Pas tant que ça) et imaginons que ce fabricant ait décidé de mettre au point un programme antivirus. Doté de peu d'éthique et pour assurer les ventes, ce fabricant crée des virus informatiques, les diffuse puis se pose en sauveur des ordinateurs infectés grâce à son programme (il s'agit bien de grâce). Nous serions pour le moins choqués par la méthode et ce fabricant ferait l'objet de poursuites judiciaires. Imaginons maintenant des fabricants d'illusion qui cherche à propager celle-ci ; ils inventent une faute originelle qui affecte tous les Hommes puis élaborent tout un fatras de règles pour les « sauver » de cette faute. Ces fabricants ne font l'objet d'aucune poursuite judiciaire. La manipulation religieuse est identique, soumettez-vous parce que vous avez pêché et vous serez sauvés ; achetez le logiciel et votre ordinateur sera sauvé.

Sur les genoux, mains jointes, yeux fermés ou regard porté vers le ciel des milliards de croyants réclament, demandent, supplient, prient pour leur salut. La question reste la même : sauvés de quoi ?

Manipulation gigantesque, parier sur la peur fonctionne toujours ; souvent les tyrans accèdent au pouvoir à l'aide de cette efficace manipulation ; faire peur et promettre la sécurité. Les peuples s'agenouillent alors devant le tyran pour qu'ils les sauvent de leur peur ; les uniformes envahissent les rues, les polices se multiplient, les livres brûlent, la pensée est contrôlée, l'intimité est règlementée ; la servitude est volontaire. Nous fabriquons nos tyrans en leur abandonnant notre pouvoir, que ces tyrans soient réels ou virtuels.

Nos genoux n'en peuvent plus, ils ne sont physiologiquement pas conçus pour supporter un poids supérieur à celui du corps : le poids de la faute. Ce fardeau imaginaire, alourdi par la crainte, fait ployer l'humanité, écrase la raison et l'entendement, pèse mortellement sur la vie.

Accepter ce poids, c'est rendre les armes, c'est mourir avant la mort.

Rejeter la croyance c'est la sauvegarde de nos genoux, le rejet des poids mortifères, des terreurs inventées, des peurs non fondées, des soumissions acceptées. Ne vivons plus « A la grâce de dieu ».

Ne donnons pas davantage vie à dieu, privons-le de notre substance dont il se nourrit (ceci est notre corps) ne lui déléguons ni nos volontés, ni nos destins, comprenons nos peurs pour en faire des valets dont nous serons les seuls maîtres et nos genoux seront sauvés.

Il restera bien sûr quelques séquelles source de soins ostéopathiques – la marche courbée est source de courbatures – quelques tentations d'y retourner ; mais, nous savons la manipulation.

Raison Numéro 2 : Le Livre, une insulte à l'intelligence

« Un beau livre, c'est celui qui sème à foison les points d'interrogation. » Jean Cocteau

« Le sérieux des textes » ne cessent de répéter un prédicateur musulman, ils seraient à ce point sérieux qu'il y a aurait des *« savants »* pour le comprendre. C'est pourquoi quand il s'agit de la lapidation, il est conseillé de consulter ces « savants » pour qu'ils nous disent ce que les textes disent. Cet intellectuel, réputé brillant, consulte donc des « savants » pour savoir ce

qu'il faut penser de la lapidation et déclarer : *« Je n'ai jamais affirmé que les hudûd (peines du code pénal islamique) faisaient du mal à l'islam : j'affirme que leur application dans les contextes sociaux et politiques actuels sont des trahisons car les conditions d'application de ces peines ne sont pas réunies. »* Propos trouvés *sur Tariqramadan.com*. Quand ces conditions seront réunies, que se passera t-il ?

L'ensemble des idéologues religieux font référence à ces livres pour savoir ce qu'il convient de faire et de ne pas faire, comme si la raison les avait quittés, le livre se substituant à l'intelligence, une génuflexion définitive de la pensée.

Mais que peut-on trouver dans ces livres qui puissent aussi parfaitement régler nos vies publiques et privées sans que nous ayons à redire ? Examinons quelques unes de ses règles :

Dans le Deutéronome 11.7 et 11.8 : *« Vous ne mangerez pas le porc, qui a la corne fendue, mais qui ne rumine pas: vous le regarderez comme impur. Vous ne mangerez pas de leur chair, et vous ne toucherez pas leurs corps morts. »* Quel est ce danger encouru à manger du porc ? Une gastro-entérite ?

Première lettre de Paul de Tarse aux Corinthiens : *« A ceux qui sont mariés, je donne cet ordre - il ne vient pas de moi, mais du Seigneur - : que la femme ne se sépare pas de son mari… ».* Quel est le danger encouru pour un couple de se séparer ? Le montant de la pension alimentaire ?

Coran (2/184) : *« Quiconque d'entre vous est malade ou en voyage, devra jeûner un nombre égal d'autres jours. »* Quel est le danger encouru pour un contrevenant ? Une surcharge pondérale ?

Dans tous les cas, le risque annoncé est la punition et quelle est cette punition ? L'enfer, le feu éternel, une croyance « pyrophile ».

Pourquoi, l'Homme en toute conscience, parce qu'il l'a décidé, parce qu'il considère que ça ne contredit pas son éthique, ne pourrait-il pas manger de la viande de porc ? Pourquoi ceux qui se sont accouplés en toute liberté ne pourraient-ils pas user de cette même liberté pour se « découpler » ? A fortiori si l'un ou l'autre des époux (le plus souvent la femme) a du se soumettre à un mariage forcé. Pourquoi doit-on jeûner ? Ne serions-nous pas libres de décider quand nous nous nourrissons et quand nous ne le faisons pas.

Il y a ici une ruse de toutes les idéologies : ôter le pouvoir de décider de sa vie jusqu'au plus profond de l'intimité pour contrôler tous les instants de la vie : alimentation, heures des prières, pensées, amour... Plus rien n'appartient aux pratiquants, dépouillés de leurs attributs humains par le texte règlementaire descendu du ciel.

A lire les textes (cf Annexes : Morceaux choisis), point besoin d'être savant ; ils sont construits comme les récits qu'on lit aux enfants avec des méchants et des bons, de la magie et tout ça pour dormir certes mais aussi pour évacuer un temps la pensée de la. Ces récits sont restés dans l'histoire comme tels, témoins de cultures disparus, textes fossiles. Le Livre, contrairement aux récits, a survécu, il reste pour beaucoup, non seulement une vérité, mais aussi la seule description possible du réel. Comment ces textes, assemblages syncrétiques de diverses superstitions sont-ils toujours référents pour les croyants ? Parce qu'ils sont interprétés par des personnes qui s'arrogent le droit de le faire. Ils tordent donc les mots, les phrases, le sens pour répondre depuis des milliers d'années aux questions changeantes qui se succèdent jusqu'à nos jours. Les prélats répondent aussi bien aux problèmes d'hygiène alimentaire d'il y a cinq mille ans qu'aux questions éthiques posées par la fécondation in-vitro. C'est là qu'est la prouesse et la gigantesque manipulation : l'interprétation des textes. D'où ce repli systématique du prêcheur musulman à propos de la lapidation *« Je propose une interprétation… »*, introduction annonçant la manipulation.

Or nous sommes tous des gens qui savons lire (pour les plus chanceux d'entre nous), nous savons tous qu'un mot est un mot. Nous avons tous suffisamment épuisé notre attention à retenir quelques règles de grammaire pour identifier les accords, le temps employé, la fonction des mots…

Alors quand il est écrit dans le Coran (5.33) : *« La récompense de ceux qui font la guerre contre Dieu et Son messager, et qui s'efforcent de semer la corruption sur la terre, c'est qu'ils soient tués, ou crucifiés, ou que soient coupées leur main et leur jambe opposées, ou qu'ils soient expulsés du pays. Ce sera pour eux l'ignominie ici-bas; et dans l'au-delà, il y aura pour eux un énorme châtiment, »*, il n'y a rien d'autre à comprendre que ces mots et ces phrases là et il convient de juger ce texte comme il est. C'est ici une invitation à massacrer les mécréants. Difficile de penser que la religion prône la paix, on pourra toujours tenter d'adoucir l'appel au meurtre en invoquant le contexte (s'il est connu), la traduction (qui serait mauvaise) ou la métaphore qui mérite une explication par les « savants » du livre. Ce serait tromperie : ce qui est écrit est écrit; un appel au meurtre est un appel au meurtre.

Quand il est écrit dans l'évangile selon Marc (1.34) : *« Il guérit toutes sortes de malades, il chassa beaucoup d'esprits mauvais et il les empêchait de parler, parce qu'ils savaient, eux, qui il était. »*, là encore, les mots sont les mots et il n'y a aucun doute sur ce que disent ces mots, Jésus chasse les mauvais esprits, il n'y a aucun doute quant à la compréhension du texte. Il y a donc bien des esprits mauvais et Jésus est en chasse.

Quand il est écrit dans le livre de Josué (3.15) : *« Or, le Jourdain coule à pleins bords pendant toute la saison des moissons. Dès que les prêtres qui portaient l'arche furent arrivés au Jourdain, et que leurs pieds touchèrent l'eau, les eaux d'amont s'arrêtèrent et se dressèrent comme une seule masse sur une grande distance, à partir d'Adame, ville voisine de Sartane ; et les eaux d'aval achevèrent de s'écouler vers la mer Morte. Le peuple traversa à la hauteur de Jéricho. »* Là enfin, le texte est limpide ; le fleuve s'arrête de couler et la caravane passe.

Il fallait donc rendre ces inepties intouchables par la raison, les rendre aveuglantes, sidérantes ; il a suffi de les proclamer sacrées. Des armées de commentateurs de yeshiva, en monastère et madrasa au long des siècles se sont évertués à dénicher d'autres sens, d'autres « vouloir dire » mais cette tentative de dissimulation des écrits par des couches d'interprétations ne sauraient gommer les fables et les fantasmes des textes.

A lire ceux-ci, on comprend mal ce qu'il y aurait à chercher ou à trouver qui puisse nous aider à penser.

Entre l'eau changée en vin sans modération, une partie de surf sur un lac, une opération boulangère de multiplication, une sortie de coma sans réanimation… bref, ces quelques histoires de la même veine que les prodiges de la fée Morgane, les descentes « cheminesques » du Père Noël, un monde de Disney où les crapauds deviennent princes ne sont pas des contes mais des vérités. Que s'est-il passé pour que ces histoires d'enfants deviennent des croyances d'adultes ?

« *Je suis la résurrection et la vie : celui qui croit en moi, encore qu'il soit mort, vivra* » (Jean 11:25). Cette phrase et bien d'autres qui promettent la vie éternelle, la résurrection ; il est là le secret du mensonge : l'annulation de la mort. Gober toutes les autres histoires pour ce mensonge là. Quelle fragilité devant notre finitude ! Penser échapper aux cendres et avaler couleuvres et vipères ; insensé pari que celui de Pascal !

Raison Numéro 3 : La religion est un délit

« La religion est la maladie honteuse de l'humanité. La politique en est le cancer. »
Henry de Montherlant

Imaginez qu'un jour vous entendiez ces phrases dans une assemblée :

« … alors tu feras venir à tes portes l'homme ou la femme qui sera coupable de cette mauvaise action, et tu lapideras ou puniras de mort cet homme ou cette femme. » Deutéronome (13.5)

« *Lorsque l'Eternel votre Dieu aura fait disparaître les nations chez qui vous vous rendez pour les déposséder, lorsque vous les aurez chassées et serez installés dans leur pays,* » Deutéronome (12.29)

« *Lorsque tu iras à la guerre contre tes ennemis, si l'Éternel les livre entre tes mains, et que tu leur fasses des prisonniers, peut-être verras-tu parmi les captives une femme belle de figure, et auras-tu le désir de la prendre pour femme. Alors tu l'amèneras dans l'intérieur de ta maison. Elle se rasera la tête et se fera les ongles, elle quittera les vêtements qu'elle portait quand elle a été prise, elle demeurera dans ta maison, et elle pleurera son père et sa mère pendant un mois. Après cela, tu iras vers elle, tu l'auras en ta possession, et elle sera ta femme.* » Deutéronome (21.10-13)

« *Vous les femmes, soyez soumises à votre mari ; dans le Seigneur, c'est ce qui convient.* »

Lettre de Paul de Tarse aux Colossiens (3.18)

« Toute femme qui prie ou prophétise la tête dévoilée fait honte à sa tête, car c'est exactement comme si elle était rasée. En effet, si elle ne se voile pas, qu'elle se fasse tondre ; et si c'est une honte pour la femme d'être tondue ou rasée, qu'elle se voile. L'homme, lui, ne doit pas se voiler la tête, puisqu'il est l'image et le reflet de Dieu ; or la femme est le reflet de l'homme. »
Lettre de Paul de Tarse aux Colossiens (11. 5-7)

« Combattez dans le sentier de Dieu ceux qui vous combattent, et ne transgressez pas. Certes. Dieu n'aime pas les transgresseurs ! Et tuez-les, où que vous les rencontriez; et chassez-les d'où ils vous ont chassés : l'association est plus grave que le meurtre. » Coran (2.190-3)

Ces appels à la violence, cette haine des femmes, ces invitations au meurtre, au génocide ne sont que le pâle reflet de ce qui se trouve dans ces textes dits sacrés, on y trouve des incitations à l'infanticide, au viol, au crime contre l'humanité et les encouragements à l'esclavage…

Le Tribunal Pénal International n'en finirait pas de juger les exactions commises au nom de ces textes là. Mais plus grave, les prêtres, imams, rabbins continuent à étudier, enseigner, fonder leurs discours sur ces écrits et se posent en moraliste, soucieux d'éthique et de paix. Ceux-là même qui ont mis à l'index Rabelais, La Fontaine, Fénelon, Lamartine, Stendhal, Balzac, Hugo, Montaigne, Descartes, Spinoza, Sartre et tant d'autres. Où peut-on trouver chez ces auteurs la violence de ceux qui les condamnent ?

Peut-on fonder une foi sur de tels délires ? Peut-on continuer à croire en des divinités aussi perverses ? Comment ne pas voir une contradiction entre ces textes guerriers et la paix proclamée par les prélats ?

Le Livre est une expression du bas-ventre, mots érectiles, phantasme de toute puissance, expression du glaive qui s'abat sur l'autre, soif du sang des vierges, désir pervers de soumission des femmes.

Qui donc aurait pu écrire de telles insanités sinon quelques névropathes à peine lettrés, mâles évidemment, déversant leur haine du monde et d'eux-mêmes dans un texte qui devint sacré ? Lus avec cérémonie dans les temples à des auditeurs qui ont perdu tout sens commun allant jusqu'à se recueillir devant ses mots pornographes, ces textes sont d'une grande vulgarité ; le comble est d'avoir sacralisé la vulgarité.

Nous avons créé dieu à notre image et nous avons été incapables de le créer bon.

Raison Numéro 4 : Même pas vrai !

« On ne peut s'intéresser qu'à ce qu'on croit vrai. » Denis Diderot

Puisque nous sommes finis, puisque nous sommes limités, comment compenser l'éphémère de nos vies ? Comment dépasser notre finitude insupportable sinon par la création d'une inversion de nous-mêmes, un autre, sans limite, immortel, tout-puissant ? « A la grâce de Dieu » ou « Incha'Allah », à cette puissance invisible qui peut tout, je remets mon destin ; je m'abandonne à cet être du haut pour ne pas l'être par ceux du bas. Ces bras de chair qui m'ont un jour rejeté, ces épaules qui soutenaient ma tête puis se sont dérobées, cet être cher disparu, rappelé par je ne sais qui pour je ne sais où, cette main qui m'a lâché au moment de ma chute.

Tous ces êtres m'ont rendu le pouvoir que je leur avais confié.

Quand un être cher meurt, il me donne de l'autonomie, libère ma présence de sa présence, se retire de l'horizon pour m'en donner une vision plus large, me redonne les pleins pouvoirs.

La vie est la conquête du pouvoir de penser par soi-même, se libérant des autorités qui nous ont construits. Si nous avons abandonné nos corps et nos esprits d'enfants à l'autorité c'est qu'il nous fallait apprendre, c'est qu'il fallait connaître les codes, les langues, les conformités, les idéologies, les croyances. Mais ce temps de l'abandon a une fin. Parce que nous quittons l'enfance, parce que les êtres nous quittent et parce que nous quittons les êtres, nous sommes invités à l'autonomie entrant ainsi dans l'âge dit adulte. Impossible pour la plupart d'entre nous ; nous avons appris à confier notre pouvoir, déléguant ainsi l'adulte que nous devrions être à d'autres : la psychanalyste, le coach, la députée, la voyante, le président, l'être aimé, le curé, le dieu. Il nous convient mieux de rester enfant ; cet état de confort apparent, baignant dans une conformité amniotique faite de maîtres et de dieux. Difficile de quitter la magie de Noël, la résurrection des morts, la vie éternelle, le décollage « arianesque » d'une vierge retrouvant toutes les autres qui attendent les martyres.

Ces enfantillages viennent de loin :

« Le matin, en retournant à la ville, il eut faim.

Voyant un figuier sur le chemin, il s'en approcha ; mais il n'y trouva que des feuilles, et il lui dit : Que

jamais fruit ne naisse de toi ! Et à l'instant le figuier
sécha. Les disciples, qui virent cela, furent étonnés, et
dirent : Comment ce figuier est-il devenu sec en un
instant ?

Jésus leur répondit : Je vous le dis en vérité, si vous
aviez de la foi et que vous ne doutiez point, non
seulement vous feriez ce qui a été fait à ce figuier,
mais quand vous diriez à cette montagne : Ôte-toi de
là et jette-toi dans la mer, cela se ferait. Tout ce que
vous demanderez avec foi par la prière, vous le
recevrez. » Matthieu (21.1.22)

Le caprice divin comme un gamin qui ne trouve pas
ses gâteaux préférés dans les rayons du supermarché :
« Méchant figuier, méchant !». Ne crucifiez pas Harry
Potter au risque de l'apparition d'une religion
supplémentaire !

Rester dans le magique pour soumettre le monde à la
toute-puissance rêvée, dénier le réel et punir le

figuier, réaction infantile élevée en acte admirable, miraculeux et sacré.

Nos croyances nous maintiennent dans ce monde du miracle que nous ne voulons pas quitter où tout est possible, où les pommes empoisonnées ne nous tuent pas, où les citrouilles se transforment en carrosses, où les montagnes se déplacent, où nous serons aimés et auront beaucoup d'enfants.

Si notre monde est parfois insupportable, s'en échapper en confiant ses douleurs au ciel ne le changera pas. Exiger du figuier qu'il meure ne lui permettra pas pour autant de donner des fruits, la faim restera la même ; geste inutile et vain ! Probablement une parabole dont le sujet est la vanité du miracle.

Si le réel est peu plaisant c'est parce que nous avons délégué sa construction à un concept qui n'est pas nous : dieu. Il serait probablement temps de reprendre le pouvoir sur nos vies, il est grand temps de rester sur terre et de laisser au ciel nos phantasmes. La course du monde est bien réelle, elle nous ballote, nous broie parfois et rien ne viendra d'un ailleurs. Le plus grand risque que nous prenons est d'attendre la magie d'une baguette d'un tout-puissant nous privant de notre pouvoir d'agir.

Ne confions plus notre insatisfaction d'être à la satisfaction de n'être plus. Ne remettons plus nos pouvoirs à l'extra-terrestre et exerçons-les là où nous sommes, comme nous sommes pour la plus grande gloire de l'humanité. « Ad majorem humani gloriam »

Raison Numéro 5 : De la collusion des églises et des pouvoirs totalitaires

« Et qui pardonne au crime en devient complice.» Voltaire

Au nom de la lutte millénaire des monothéismes contre le matérialisme et plus récemment contre le matérialisme marxiste les connivences de l'Eglise avec des régimes totalitaires sont particulièrement flagrantes.

Quatre concordats de la honte sont signés par le Vatican :

En 1929, les accords de Latran sont signés entre le Vatican et le dictateur Benito Mussolini. Quelques articles du traité pour se faire une idée des compromissions catholiques avec le fascisme mussolinien (article 20 des annexes) :

« *Les évêques, avant de prendre possession de leur diocèse, en fournissant dans les mains du chef de l'État un serment d'allégeance selon la formule suivante: "Devant Dieu et les saints Évangiles Je jure et promets, comme il sied à un évêque, la loyauté à l'État italien. Je jure et promets de respecter et de garantir le respect de mon clergé envers le roi et le gouvernement en vertu des lois constitutionnelles de l'État. Je jure et promets que je ne participe pas à un accord ou d'aider les conseils qui peuvent nuire à l'Etat italien et l'ordre public et que je ne permettrai pas à mon clergé des intérêts similaires. Préoccupé par le bien et l'intérêt de l'Etat italien, va essayer d'éviter tout dommage qui pourrait la menacer.* »

Le 10 septembre 1933, un concordat entre le Vatican et le régime nazi est signé. Il stipule à l'article 21 l'enseignement de la religion catholique dans les écoles du Reich, et à l'article 16 l'obligation faite aux évêques d'un serment d'allégeance au régime. Le représentant du Pape, Eugénio Pacelli (futur Pie XII), avait déclaré dans l'Osservatore Romano que le Reichskonkordat avait comme objectif : *« non seulement l'identification officielle (par le Reich) de la législation de l'église (son code de loi Canon), mais l'adoption de beaucoup de dispositions de cette législation et la protection de toute la législation de l'église »*

Le Pape Pie XI a déclaré sa satisfaction *« que le gouvernement maintenant fût sous la direction d'un homme qui s'oppose radicalement au communisme »*

Ces quelques articles (ci-dessous) du concordat éclairent grandement les dispositions du Vatican à l'égard du régime nazi :

Article 16

« Avant de prendre possession des évêques de leurs diocèses, ils sont de prêter un serment de fidélité, soit au représentant du Reich de l'État concerné, ou au président du Reich, selon la formule suivante: «Devant Dieu et sur les Saints Evangiles je jure et promesse devient comme un évêque, la loyauté envers le Reich allemand et à l'Etat de... Je jure et promets d'honorer le gouvernement légalement constitué et à cause du clergé de mon diocèse pour l'honneur. Dans l'exercice de ma charge spirituelle et dans ma sollicitude pour le bien-être et les intérêts du Reich allemand, je vais essayer d'éviter tous les actes préjudiciables qui pourraient mettre en danger. »

Article 21

« *L'enseignement religieux catholique dans les écoles élémentaires, senior, secondaire et professionnel constitue une partie régulière du programme, et qui doit être enseigné en conformité avec les principes de l'Église catholique. Dans l'enseignement religieux, un soin particulier sera pris pour inculquer la conscience patriotique, civique et sociale et le sens du devoir dans l'esprit de la foi chrétienne et le code moral, exactement comme dans le cas d'autres sujets. Le programme et le choix des manuels d'instruction religieuse sera organisée par un accord de consultation avec les autorités ecclésiastiques, et ces derniers ont le droit de déterminer si les élèves reçoivent un enseignement religieux conformément aux enseignements et aux exigences de l'Église.* »

Article 30

« Le dimanche et les jours Saint-Siège, des prières spéciales, conformes à la liturgie, seront offerts pendant la messe principale pour le bien-être du Reich allemand et de son peuple dans toutes les églises épiscopales, paroissiales et conventuelles et chapelles du Reich allemand. »

En 1940, le Portugal est soumis à un régime autoritaire dirigé par Antonio de Oliveira Salazar. Il s'agit d'un nationalisme fondé idéologiquement sur l'anticommunisme et les « valeurs » catholiques ; la devise du régime : « Dieu, patrie, famille ».

Ce concordat montre la volonté de colonisation des esprits par l'Eglise dans les pays colonisés par le Portugal :

Article 15

« Les missions catholique portugaise peuvent se développer librement, exercer les formes d'activité qui leur sont propres et en particulier établir et diriger des écoles pour les indigènes et les Européens, les collèges masculins et féminins, des instituts, élémentaires, secondaire et professionnel des séminaires, catéchuménat, les ambulances et les hôpitaux. En accord avec l'autorité ecclésiastique locale, peut être confiée à des missionnaires portugais les services de soins et d'éducation religieuse aux ressortissants portugais et étrangers. »

Le 16 avril 1939, Le pape Pie XII déclare, une fois la victoire de Franco acquise, que l'Espagne est la *« patrie élue de Dieu »*. Le 31 mars 1939, dans un message adressé à Franco qui vient d'anéantir définitivement la République avec l'aide de l'Allemagne et de l'Italie, Pie XII confirme sa position :

« Elevant notre âme vers Dieu, Nous Nous réjouissons avec Votre Excellence de la victoire tant désirée de l'Espagne catholique. Nous formons des vœux pour que votre très cher pays, une fois la paix obtenue, reprenne avec une vigueur nouvelle ses antiques traditions chrétiennes qui lui ont donné tant de grandeur. C'est animé par ces sentiments que Nous adressons à Votre Excellence et à tout le noble peuple espagnol Notre bénédiction apostolique. »

Un concordat est signé entre le Vatican et l'Espagne franquiste le 27 août 1953 dont ces quelques articles montrent à l'évidence bien plus qu'une complicité :

Article 27 point 1

« L'Etat espagnol garantit l'enseignement de la religion catholique comme matière ordinaire et obligatoire, dans tous les centres d'Etat ou non d'Etat, de quelque ordre ou de degré qu'ils soient. »

Article 29

« L'Etat veillera à ce que dans les institutions et
services de formation de l'opinion publique, en
particulier, dans les programmes de radiodiffusion et
de télévision, soit donnée une place convenable à
l'exposé et à la défense de la vérité religieuse par des
prêtres et des religieux désignés d'accord avec
l'Ordinaire respectif. »

Article 33

« L'Etat, d'accord avec l'autorité ecclésiastique
compétente, pourvoira au nécessaire afin que, dans les
hôpitaux, sanatoria, orphelinats et centres similaires
soit assurée l'assistance religieuse convenable aux
hospitalisés et pour qu'il soit veillé à la formation
religieuse du personnel inscrit dans les dites
institutions.
L'Etat fera également en sorte que soient observées ces

normes dans les établissements analogues de caractère privé. »

En quoi ces complicités cléricales ont-elles à voir avec la croyance en dieu ? En ce qu'elles sont l'expression même de la croyance, son incarnation dans les affaires du monde, et cette incarnation est détestable pour tout Homme épris de liberté, de justice et de paix.

Les organisations totalitaires se ressemblent et s'assemblent. Les forces de l'Axe (Berlin, Rome, Tokyo), grandement soutenue par la Rome catholique, ont mis le monde à feu et à sang. Remarquons que l'Eglise se range au côté des oppresseurs et pourquoi ? Elle voit d'abord dans la proposition de Marx un risque d'émancipation des peuples ; la liberté des Hommes est en contradiction avec la volonté de l'Eglise de soumission à dieu. Elle privilégie ensuite les régimes totalitaires pour déverser sa propagande sur des

Hommes déjà courbés par la police politique : une sorte de césaropapisme inversée. Elle privilégie enfin la sauvegarde de ses biens et de ses institutions au détriment de ceux qui pour les uns, seront persécutés et pour les autres, anéantis.

Voilà bien des comportements parfaitement terrestres faits de compromis, de lâcheté probablement inspirés par dieu qu'on appellera alors instinct, prédation, domination, névrose… bref de l'humain mal soigné.

Les totalitarismes offrent à l'idéologie religieuse son expression la plus adéquate, comme un miroir des hiérarchies célestes : Séraphins, Chérubins, Eons, Armées, Puissances, Autorités, Principautés, Trônes, Archanges, Anges, Dominations ; arrangées comme une armée de conquête des esprits. L'attirance des hiérarchies religieuses pour les hiérarchies totalitaires trouvent leur explication non seulement dans la similitude des formes mais aussi celle des buts poursuivis : l'asservissement du vivant, l'éradication de l'impur, la conversion du mécréant.

Les théocraties contemporaines, Arabie Saoudite, Iran, en sont les exemples vivants et mortifères se déclarant comme « religion et régime » et animée par une loi divine : la charia.

Qu'en conclure sinon que la bonté divine s'exprime d'une curieuse façon, alliée objective de la persécution, une revanche sans doute sur le lion romain déchiqueteur patenté de la chair chrétienne.

Ne nous laissons pas duper par les appels suaves à la paix des organisations religieuses, leur histoire témoigne contre elles et les disqualifient pour les siècles des siècles. Elles restent cependant conformes aux textes du livre comme un commandement inébranlable ; fais violence aux autres : « *Lorsqu'Israël eut achevé de tuer tous les habitants d'Aï dans la campagne, dans le désert, où ils l'avaient poursuivi, et que tous furent entièrement passés au fil de l'épée, tout Israël revint vers Aï et la frappa du tranchant de l'épée.*

Il y eut au total douze mille personnes tuées ce jour-là, hommes et femmes, tous gens d'Aï. » Josué (8.24-25) ; *« Certes, ceux qui ne croient pas à Nos Versets, (le Coran) Nous les brûlerons bientôt dans le Feu. Chaque fois que leurs peaux auront été consumées, Nous leur donnerons d'autres peaux en échange afin qu'ils goûtent au châtiment. »* Coran (4.56). C'était bien la peine de faire deux religions pour prêcher les mêmes exactions.

Raison Numéro 6 : Morale ou éthique ; une affaire d'Homme

« Ah, Dieu, comme l'esprit peut hésiter dès qu'il se préoccupe de considérations morales ou éthiques ! » Woody Allen

Partons du concept de « loi morale naturelle » utilisée par Benoit Seize dans son discours de 2008 devant la Commission théologique internationale. Selon lui :
« Elle a pour pivot l'aspiration et la soumission à Dieu, source et juge de tout bien, ainsi que le sens d'autrui

comme égal à soi-même. Elle est exposée en ses
principaux préceptes dans le Décalogue. »

Nous ne reviendrons pas sur l'histoire de cette religion
et sur les prédécesseurs de ce Pape qui dénient toute
légitimité à celui-ci de moraliser mais tentons de
comprendre ce qu'implique un tel discours.

Pour clarifier la position catholique, intéressons-nous
aux propos de Benoit Seize quant à la bioéthique.
Dans une lettre encyclique, le Pape opposait deux
types de rationalité : « *celle de la raison ouverte à la
transcendance et celle d'une raison close dans
l'immanence technologique* ». Dénonciation
traditionnelle religieuse à l'encontre de l'athée reprise
ici : la transcendance est intrinsèquement raisonnable
et gage d'ouverture ; l'immanence est une raison close
sur la matière : vieux débat entre autonomie et
hétéronomie. En quoi la transcendance serait-elle
supérieure à l'immanence ? En quoi la transcendance

serait-elle plus raisonnable que l'immanence ? Le
Pape ajoute dans un discours de février 2010 à propos
de la « loi morale naturelle » qu'elle est *« forte de son
caractère universelle »* et : *« qu'elle affirme l'existence
d'un ordre imprimé dans la nature par le créateur. »*
Quand la raison réputée consubstantielle de la
transcendance tend à l'universalité on peut tout
craindre de l'hégémonie d'une telle idéologie ; elle nie
de cette façon toute tentative humaine immanente à
penser par elle-même. Point de considération
bioéthique sans soumission à dieu, pivot de la loi
morale naturelle, point de réflexion possible sans
convoquer le décalogue.

Prétendre que ses jugements sont vrais au prétexte
qu'ils sont d'essence divine est une escroquerie
intellectuelle ; prétendre que le dogme religieux ne
peut être absent de la réflexion des Hommes suppose
que le dogme soit une réflexion en tant que telle ce
qu'il n'a pas prouvé. Enfin, priver de raison ceux qui

ont décidé de vivre l'immanence au motif qu'elle serait close est une manifestation historique du dogme religieux : une condamnation contemporaine au bûcher.

Discuter en Homme, oui ; discuter entre Hommes nous accordant l'un l'autre la raison pour pouvoir le faire est souhaitable mais, s'il vous plait, laissez à la porte de la rencontre humaine vos morales mortifères.

Les domaines de la bioéthique ne vous sont pas moralement réservés. *« Aucune loi humaine n'est en droit d'effacer la norme que le Créateur a inscrit en l'homme »* Le Pape peut-il considérer un seul instant que la croyance en un Créateur qui aurait inscrit des normes en l'Homme puisse être contestable ? Est-ce même un signe de raison ? Il restera à comprendre scientifiquement comment cette inscription fut faite (inscription génétique ce qui ferait du Créateur un dangereux manipulateur du gène). Les mots papaux sont sophistiqués pour tout simplement redire l'idéologie catholique ; l'Homme ne peut toucher à la vie qui a été créée par Dieu, une sorte de propriété divine inviolable. Si bien que nous devons nous abstenir de faire l'amour ou le faire sans préservatif (au naturel),si bien que les femmes ne peuvent avorter et doivent mettre au monde quoiqu'il arrive (au naturel), si bien que les mourants devront souffrir sans qu'aucun geste de sollicitude ne vienne abréger la souffrance (au naturel). La vie est propriété du divin qu'elle ne soit pas encore humaine ou qu'elle ne le soit plus. L'obscurantisme n'est pas de retour, il n'a jamais quitté le dogme religieux ne cédant que face à la loi des Hommes, quand elle s'impose à celle de dieu. Nous mourrions encore en masse de peste si l'Eglise était restée maîtresse de nos corps.

Ce qui se joue à l'évidence est la possession des corps au prétexte qu'ils appartiennent à la nature donc à dieu.

Cette possession s'effectue de façon sournoise par l'interdit et l'injonction : prières à telle heure, ablutions de telle partie du corps ou de telle autre, faire l'amour à telle période et pas à telle autre, manger ceci ou cela, ni ceci ni cela, travailler tel jour et pas tel autre, jeûner pendant une période précise selon un rituel précis...

La religion catholique a dû lâcher dans nos sociétés européennes où quelques Lumières ont repoussé son influence à l'intérieur des églises. Ne pouvant que plus difficilement posséder nos corps par la règle, les prélats font une tentative de reconquête par la morale ; la même finalité est à l'œuvre : posséder les corps et soumettre la pensée.

A la loi morale naturelle, nous opposons la loi éthique culturelle.

La loi ne peut être que celle des hommes, élaborée entre eux sans référence à une vérité réfugiée dans la transcendance ; ce qui intéresse la loi est la réalité.

L' « éthique » parce que son champ d'investigation est circonstanciel elle n'a donc pas de vocation universelle ; « culturelle » parce qu'il s'agit de redresser la nature, de la transformer pour répondre aux aspirations de justesse et de justice des Hommes. Les corps sont propriétés des personnes et exclusivement d'elles, elles sont à l'origine de la réflexion éthique les concernant, il s'agit d'immanence corporelle animée par une pensée autonome. Comment prendre en compte sérieusement le désossement côtier d'Adam dans les réflexions qui touchent à nos corps. Ne pas laisser faire la nature est une attitude d'Hommes de bien, ne pas laisser faire les Imams, Evêques et autres Rabbins est une manifestation de notre pouvoir sur nous : nous n'appartenons qu'à nous ; ne nous laissons pas exproprier !

Raison Numéro 7 : Anthropophagie et hémophagie eucharistiques

« Il n'y a plus d'anthropophages dans le pays depuis que nous avons mangé le dernier. »
Georges Feydeau

L'archéologie estime que les premières pratiques cannibales ont plus de cent mille ans. Ces pratiques ont traversé les âges pour se ritualiser. Dans bien des cas, il s'agit de superstitions qui font l'objet de cérémonies dédiées à des divinités. La chair et le sang ont longtemps été inconnus des humains et ils revêtent des valeurs symboliques fortes. Le sang est source de vie, certaines croyances considéraient que le sang divin mêlé à la terre créait la vie ; certaines autres considéraient le sang comme la résidence de l'âme, d'autres encore donnaient au sang le siège de l'énergie vitale. Dans le corps réside la force, le courage, la puissance… Dans certains rituels égyptiens les « fidèles » mangeaient le corps et le sang d'Osiris pour acquérir se force et son éternité.

Au XIe siècle, l'Eglise nomme l'Eucharistie « corps réel du Christ ».

Le discours performatif du prêtre opère une transsubstantiation (terme employé au concile de Trente en 1551), pour décrire la transformation du pain en corps et du vin en sang même si les apparences de ces deux aliments restent trompeuses. Leur ingestion permet aux croyants d'accéder à la « divinité » du Christ ; manger dieu pour prendre un peu de sa divinité ou manger son ennemi pour prendre un peu de sa force ; cent mille ans séparent ces deux rituels.

Les rites anthropophages et hémophages sont une survivance d'un autre âge, sacrifice, sang, chair... pour faire siennes les qualités de celui qu'on mange,

A ces superstitions antédiluviennes s'ajoutent une promesse : l'Eucharistie nous préserve des péchés mortels futurs, une sorte de prophylaxie. Les philtres d'amour, les mixtures mélangeant bave de crapauds et peau de serpents... tous ces sortilèges utilisés par les chamans et autres prêtes du vaudou sont du même ordre magique.

Si le rite cannibale des fidèles est une résurgence d'anciennes croyances érigées en sacrements, si le sort lancé par le prêtre est une trace vivante des sorcelleries d'antan ; comment dans ce siècle peut-on encore célébrer l'anthropophagie comme un acte salutaire à moins d'avoir laissé à l'entrée du temple tout sens commun et d'avoir extrait de son cerveau l'ensemble des connaissances acquises par l'humanité ?

Le sacrifice n'est pas celui qu'on pense ; il s'agit bien de celui du discernement et de l'intelligence immolés sur l'autel de la superstition par le goupillon.

Raison Numéro 8 : Science et conscience suffisent

« L'histoire universelle est le progrès dans la conscience de la liberté. » Friedrich Hegel

La création par un démiurge est la grande massue argumentaire des croyants : il y avait si peu de chances que nous existions que la seule explication possible est la volonté, le dessein d'une intelligence, d'une toute-puissance. Les croyants appellent cette argutie le principe anthropique fort. A

l'anthropomorphisme de dieu s'ajoute
l' « anthropisme » de la croyance.

Et pourtant, le milliardième de chances pour que nous existions suffit à expliquer notre présence ! A chaque printemps, des milliards de graines sont emportées par le vent et très peu germeront, s'agit-il pour autant de l'œuvre d'un créateur « jardinophile » ? Sur les cent millions de spermatozoïdes lâchés par l'éjaculation, un seul fécondera l'ovule. Un créateur aurait-il la mauvaise idée de se glisser dans le processus intime de la reproduction ? Après une possibilité sur un milliard puis une autre sur cent millions nous pouvons déclarer fièrement que nous sommes des rescapés de la malchance, sorte de héros d'une aventure dont l'arche s'est perdue.

La dissémination des spermatozoïdes est à l'image de la dispersion d'éléments premiers par l'explosion du Big-Bang et des ensemencements de poussières d'étoiles trouvant un ovule de type planétaire pour germer.

Cela devrait suffire à calmer nos envies de démiurge comme raison première à nos existences. Pas de dessein aussi intelligent soit-il !

A un « pouième » près (si les conditions initiales changent), la vie consciente n'existe pas, nous n'existons pas, personne pour invoquer dieu et pourtant un univers existe, sans nous pour dire qu'il avait peu de chances d'exister.

Bien sûr, reste la question : « Avant, qu'y avait-il ? » Avant n'existait pas ! La réponse est brutale (la science met des gants parfois, mais oublie souvent d'en prendre) ; un « avant » qui n'existe pas est difficile d'accès nous qui sommes le produit d'une généalogie.

L'athée voit dans le Big-Bang la naissance d'un univers, le croyant y voit une création et c'est toute la différence. Le croyant voit dans la Genèse une vérité, l'athée voit dans le récit scientifique du Big-Bang une réalité.

Une autre argumentation souvent utilisée par les « deiphiles » : « plus la science découvre plus l'inconnu augmente ». Il est vrai que plus on marche plus ce qu'on connaissait disparaît pour laisser place à l'inconnu. La science parle d'inconnu, le croyant d'inconnaissable. Les religions ont tenté, par force souvent, d'interdire l'accès aux savoirs par les bûchers et autres arguments brûlants, tentant de préserver l'inconnaissable, source du pouvoir des prélats.

Le monde n'a pas besoin de cette conscience religieuse là ; la science qui a le projet non seulement de décrire la nature mais aussi de la transformer pour améliorer le sort de l'Homme n'a pas failli. Les questions qu'elle nous pose interrogent l'éthique c'est-à-dire qu'elles nous renvoient à notre conscience quant à l'utilisation des outils produits par la science. L'espèce humaine a su, longtemps avant le Décalogue, différencier le bien du mal ; mais elle a surtout différencié le bon du mauvais. Cette différenciation est née de la conscience humaine pour s'extraire de l'absolutisme manichéen du bien et du mal et investir les notions de bonheur des humains. C'est la science qui nous permet de nous poser la question de l'euthanasie par exemple ; notre conscience nous aidera à trancher en fonction d'une éthique du bon ou du mauvais, excluant la dimension morale du bien et du mal.

La science est athée, la conscience est athée ; toutes deux s'en portent bien.

130

Raison Numéro 9 : Gagner du temps

« Le temps passe. Et chaque fois qu'il y a du temps qui passe, il y a quelque chose qui s'efface.» Jules Romains

Nous n'en perdrons pas à décrire le temps consacrée à invoquer dieu, à respecter les interdits, à être vigilants en pensées en paroles et en actions.

Le temps étant compté, une prière de quelques minutes diminue notre temps de vie d'autant. Un « c'est ma faute » de quelques secondes et nous voilà priver des années durant d'une vie légère, alourdis par la culpabilité, rongés à petits feux par le remord, tentant par moult contritions de retrouver la grâce du dieu. Flagellés par le ressentiment originel, écorchés par les déroutes de la raison, le temps passe sans nous, annonce d'une éternité sans saveur. Se débarrasser de soi avant que la mort ne s'en charge, ventre à terre, tourné vers une pierre, implorant de ne plus pleurer, accepter définitivement la fin quand elle n'est pas là. Le temps passe, pesant un peu plus sur la courbure du corps en prière.

Yeux baissés sur les sols usés des temples, ignorant les matins et les soirs de l'horizon, bercés par les sottises infantiles des bonnes fées, endormis pour de bon sur des paradis d'ailleurs, les fidèles attendent sa venue sur cette terre ou la leur vers un ciel qui n'est pas d'ici.

Tout ce temps perdu…plus rien à trouver puisque tout est révélé, plus rien à obtenir puisque tout est donné, plus rien à faire puisque tout est à attendre, il nous reste le vide et dieu fait le plein.

Raison Numéro 10 : Tout ça n'a aucun sens

« La vie n'a pas de sens. Mais nous lui donnons un sens pendant que nous existons.» Francis Bacon

« Ma vie n'a aucun sens ! » En a-t-elle jamais eu ? Intrinsèquement la vie a-t-elle un sens ? Si c'était le cas pourquoi lui en donner ? Les choses sont comme elles sont, dans leur immanence et nous questionnons sans cesse le pourquoi de cette immanence créant des transcendances sensées donner du sens. Qu'est-ce qui nous tenaille à ce point que nous donnions du sens à tout ? Donner du sens à la vie, à la mort, à notre présence sur terre… L'absence de sens est-elle si insupportable ?

Et si cet incessant questionnement sur la finalité nous renvoyait à une peur : perdre cette idée arrogante que nous ferions l'objet d'un plan. Nous serions la finalité d'un dessein fait pour nous, par plus grand que nous. Nous sommes exceptionnels, issus de l'exception.

Baignant dans la croyance d'être des enfants de dieu, usant nos corps dans un monde qu'il fit cruel (à son image), à la recherche d'un salut nous soustrayant au supplice de la crucifixion sur l'espace et le temps, remettant notre destin à une toute-puissance qui est chargé du sens. Heureuse époque où nous étions élus pour certains éligibles pour d'autres. Ce Dieu fit de nous une espèce supérieure, dotée d'un destin éternel et consciente de celui-ci.

Copernic, Bruno, Newton, Darwin…, ceux d'avant et ceux d'après rompirent le charme. Ils nous ont chassés du centre de l'univers. Nous nous découvrons habitants d'une banlieue, bannis donc, à peine debout avec quelques restes de poils (pour nous souvenir) ; plus rien d'une élection divine, plus rien de dieu en nous… Renaissance dit-on ? Nous sommes condamnés sans appel à la décomposition organique, responsables de notre destin ; aucun échappatoire. Ceci est notre vie ; faisons d'elle une œuvre, ici, maintenant tant que ça dure !

Quelle déchéance, après avoir été filles et fils de dieu, notre père est un singe. Après avoir été éternels, nous voilà mortels privés de vierges et d'angelots. Après avoir été au centre, nous voilà à la périphérie d'un gigantesque vide. Vu comme ça, cela n'a aucun sens ; mais peut-on voir autrement ce réel écrasant ?

Pas de plan, pas de dessein, aussi intelligent soit-il, pas d'espoir au-delà, juste l'ici bas ; la chute de l'ange.

Certains d'entre nous s'accrochent, contraignant leur raison à des efforts déraisonnables pour tenter d'entraver la chute, multipliant artifices intellectuels mêlés de pensées magiques, réinterprétant le Livre pour qu'il tienne encore, renouant avec le chapeau, le foulard, le latin dans un sursaut ultime, mortel parfois, vers un sens qui se perd « ma bonne dame ».

Expliquer le monde malgré tout, la science n'en ayant pas le projet. Mais le monde est-il explicable ? Ne serait-il pas seulement constatable ?

« La rose est sans pourquoi, elle fleurit parce qu'elle fleurit, elle ne se soucie pas d'elle-même, elle ne se demande pas si on la voit » Agnelus Silesius

Nous et nous-mêmes, nous et les autres, ceux avant nous et ceux d'après, voilà où nous en sommes. Débarrassés d'un au-delà « méritocrate », nous sommes seuls aux commandes de notre vie. Pour aller où ? Qu'importe puisque ça finit, mais il y a un chemin entre là et là-bas. C'est ce chemin qui nous intéresse, c'est celui-là qui nous donne le temps pour le parcourir, ici, pas à pas, pour y construire un peu de nous et y prendre du plaisir.

Nous allons réapprendre à vivre, allégés du sens, alourdis par la fin, à poids constant donc. Mettre de soi dans l'instant qui compte, utiliser les croisées comme autant d'errements vers l'autre, perdre le temps pour ne pas qu'il nous égare et puis jubiler quand c'est possible sans d'autres récompenses que le plaisir que l'on fait et que celui qu'on se donne.

Des voies, des chemins de sagesse existent bien sûr, mais mettre son pied devant son autre pied évite de marcher avec les pieds des autres, dans les traces des autres. Pour apprendre des sages, mieux vaut contempler leurs empreintes que les emprunter.

Le génie humain

« Pour faire de grandes choses, il ne faut pas être un si grand génie ; il ne faut pas être au-dessus des hommes, il faut être avec eux.»
Montesquieu

Pour un peu plus de soi, les Hommes font preuve d'un génie qui, s'il est caché par le quotidien, apparaît dans les toiles de maîtres, les formules mathématiques, le regard astrophysique ou quantique, la carte génétique, le mot « fin » d'une œuvre cinématographique… C'est une lutte contre le mystère, contre l'inconnaissable, contre la sidération. S'il est porté par un individu, il est l'expression des envies d'une collectivité de déplacer la norme vers la marge, de décentrer la conformité pour l'inédit, de s'affranchir de la répétition pour un peu moins de la même chose.

1951, Picasso entreprend d'investir la chapelle du château de Vallauris par *la guerre et la paix*. Il peint une fresque sur la voute du vestibule où il évoque une histoire d'Hommes, les figures de la guerre et de la paix, de la vie et de la mort, nous convoquant à notre responsabilité. Une fresque rupestre brute et brutale d'où le religieux est exclu. La paix arrête la guerre ; une manifestation de la volonté humaine face à une autre volonté. Magnifique symbole que ces bras de couleurs différentes qui portent la colombe de la paix. Seuls les hommes peuvent décider de s'unir ou de se désunir. *« La peinture n'est pas faite pour décorer les appartements. C'est un instrument de guerre offensive contre l'ennemi. »* Pablo Picasso

Cette œuvre fut comme une réponse à son « rival » Matisse qui acheva en 1951 sa chapelle à Vence. Petit édifice (cinq mètres de large, quinze mètres de long), Henri Matisse, qui a tout conçu dans cette chapelle, a voulu que, dans un espace si étroit, le visiteur ne sente pas les murs. Miracle ? Non, la lumière arrangée en couleurs, la lumière du génie humain et seulement ça. *« La couleur surtout et peut-être plus encore que le dessin est une libération. »* Matisse.

De tout temps, l'humanité a tenté de s'approprier ce qui lui échappait par la représentation d'une image, d'une sensation, d'un état intérieur, d'une question ; l'art : ce défi lancé à ce qui semble hors de portée, une écriture du sentiment traversé par l'inconnu.

Le géni humain est une volonté de ne pas abandonner l'explication du mystère à l'invisible, rapprocher de la terre ce qui semble ne pas lui appartenir : donner au temps sa relativité par la formule (Einstein), donner à la maladie une cause microbienne hors de toute punition céleste (Pasteur), redonner à la mort le goût de la fin (Courbet, *enterrement à Ormans*), pleurer quand plus rien n'est possible (Mozart, *Requiem, Lacrimosa*), et puis, résister aux forces de la morale naturelle : Olympe de Gouges, auteur en 1791 de la *Déclaration des droits de la femme et de la citoyenne*, Simone Weil, combattante de la solidarité dans une tentative impensable de fonder une spiritualité du travail, Hannah Arendt ô combien éclairante sur les systèmes totalitaires, Angela Davis le courage militant d'une proposition marxiste aux Etats-Unis, Louise Michel cherchant un lieu à l'utopie, Rosa Luxembourg assassinée, elle et son rêve, par la sociale démocratie ; le géni humain est dans ces êtres qui ont définitivement refusé de laisser faire.

Et puis, ces peuples qui se sont levés pour secouer les jougs transcendants du Tsar, du Roi, ou du dictateur « bienveillant ». Le génie humain n'appartient qu'à

l'Homme et n'est du qu'à lui, n'en déplaise à
Chateaubriand.

Nous sommes inconsolables

« Le véritable et authentique athée est celui qui croit fermement et dur comme fer que Dieu lui-même ne croit pas en lui. » Pierre Dac

Fin des ruses religieuses, mouchoirs pour nos larmes, nous sommes inconsolables parce que nous connaissons notre fin. Ce chagrin est là, présent, à fleur de cœur, dans chacun de ces moments aussi légers soient-ils. Vivre avec soi c'est comme défendre une cause perdue ; alors jetons la cause de notre perte au dehors du conscient, au dehors de l'instant, évacuons-la du faire pour ne pas risquer la futilité.

Nous sommes inconsolables de la perte de nos jours, et avant les nôtres, de leurs jours, de ceux qui nous ont été chers et de ceux qui le sont encore.

Nous sommes inconsolables de cette chute du ciel, de ce bannissement du centre qui nous laisse à nous-mêmes.

Nous sommes inconsolables mais pas soumis. Si l'espérance est souhaitable, elle en appelle à nos pouvoirs d'humains, créateurs de mieux sans l'aide de dieu. Notre destin est horizontal, Fuyons la parole verticale, celle des prélats, hommes à calotte et barbus de conviction, hommes cravatés qui voient dans la verticalité des courbes tout le bonheur du monde, uniformes portés comme la marque de leur pensée. Entendons pour les réfuter les discours sacrificiels au prétexte d'un avenir meilleur (terrestre ou céleste). Ne déléguons plus nos pouvoirs d'humains à d'autres qu'ils soient d'ici ou là.

Nous sommes inconsolables mais nos chagrins seront nos colères et nos larmes, des fleuves revendicatifs. Ce monde nous a produits, nous produirons le monde.

Il nous reste à aimer le réel, à célébrer les moments, à prendre le bonheur au corps et en jouir pour les siècles des siècles.

Prions nous !

« La prière n'a pas d'autre but que de supplier Dieu d'exister. » Jean Martet

Je ne crois pas en Dieu, ni en une toute puissance, ni en une paternité universelle.

Je sais le phénomène étrange créateur de l'univers, le mur de Planck, la relativité générale, les incertitudes d'Heisenberg, la gravitation universelle, le chat de Schrödinger, l'évolution de Darwin.

Je sais les seigneurs, bien réels, maîtres de mondes, créateurs d'injustice, de larmes et de sang

Je sais l'esprit des hommes repoussant la croyance aux pays des sots

Je sais les lapidations contre les femmes qui ne sont plus vierges ; les pierres sont celles avec lesquelles sont bâties les églises, les temples et autres mosquées.

Je sais les souffrances de l'humanité, asservie par la croyance, par l'idéologie absolue.

Je sais que les enfers sont habités par ceux qui nous les promettent.

Je sais que mon corps retournera à des chimies premières.

Je sais que seul je reste juge de ma vie.

Je sais que l'esprit est raison et connaissance.

Je sais l'horreur des églises, le goût monothéiste pour le sang.

Je sais la communion des penseurs qui ont ouvert l'esprit de l'Homme.

Je sais mes fautes envers l'autre, le semblable.

Je sais que ce qui est mort est mort à jamais.

Je sais le mensonge de la vie éternelle. Ainsi sont les choses.

A vous Pères qui êtes sous terre, que vos noms soient honorés, que vos vies ne soient pas oubliées, que votre souvenir façonne notre présent.

Merci de nous avoir appris à nous procurer notre pain quotidien.

Nos pardons d'enfants sont vos pardons de Père.

Nous succomberons aux délices de la vie pour enlever un peu de cette douleur que vous avez supportée au nom du Père.

Nous délivrerons les esprits de la superstition pour ne pas y succomber à notre tour. Ainsi va la vie.

Je vous salue, Marie comme toutes les femmes, trop souvent entrailles, trop souvent mère, trop souvent épouse, trop peu souvent femme. Je vous salue pour la tendresse du monde, je vous salue pour ce trop d'abnégation et ces révoltes inachevées. Je vous salue pour avoir porté les souffrances des hommes. Je vous salue pour avoir aimé ce crucifié le sachant fou. Je vous remercie d'avoir cru à tous ses fantasmes mais je ne vous remercie pas de ne pas lui avoir dit. Qu'il est difficile d'être immaculée, hors de toute jouissance, recluse de l'humanité. Je vous salue femme comme toutes les femmes pour les barbaries atténuées, pour les souffrances apaisées. Ainsi êtes-vous.

Gloire à l'Homme, quand il s'est appelé Giordano Bruno, Galilée, Socrate, John Lennon, Gandhi, Marx, Pascal, Démocrite, Aristippe, Nietzsche, Diderot, Feuerbach… pour leur combat contre la démission de

la pensée, pour l'appel à la raison, pour le courage de
la solitude parfois. Gloire aux sans-noms, brûlés,
torturés, anéantis par la sottise, tués par la bêtise
religieuse. Gloire à ceux qui sont tombés sous les
coups des dieux homicides. Ainsi sont-ils.

Je ne confesse rien, pas davantage au saint psy qu'au
saint glin-glin.

Je ne me soumets pas à cette absolution bien
tranquille, qui laverait mon âme sans laver la faute.

Mes fautes sont mes fautes, elles ne le sont que face à
l'Homme, elles sont de l'ordre du verbe et de l'acte,
elles sont irréparables. Je ne supplierai personne pour
qu'on me les enlève, ma vie en sera chargée, le temps
pourra en effacer quelques traces, je tenterai d'y faire
face, la justice des hommes fera le reste, aussi
imparfaite soit-elle. Je ne peux que prier celle ou celui
à qui j'ai fait du tort qu'elle ou il puisse un jour me

dire le mal qu'elle ou il a subi et la peine qui est la leur. Ainsi suis-je.

Que fais-je moi pour procurer du pain à ceux qui n'en ont pas ? Ainsi n'est-il pas.

Les Dix résolutions

« La résolution chrétienne de considérer le monde comme laid et mauvais a rendu le monde laid et mauvais. » Friedrich Nietzsche

1. Je n'aurai aucun dieu, pas plus celui-ci que celui-là, pas plus Yahvé qu'Allah

2. Je représenterai qui je veux comme je veux et particulièrement je caricaturerai les prophètes et autres dieux pour dénoncer leur violence et leur barbarie.

3. Je m'interdirai d'en appeler à dieu pour soumettre mon prochain ; je m'interdirai donc les métiers de prêtre, rabbin ou mollah.

4. Je ferai bien ce que je voudrai le jour dit de « repos » et tous les autres jours. Me reposer quand je serai fatigué, travailler quand il le faudra (si j'ai un boulot).

5. J'honorerai mon Père et ma Mère, mes frères et mes sœurs… ce sera le bonheur !

6. Je n'ôterai la vie à personne, pas plus aux croyants qu'aux non-croyants

7. Qui peut dire que je ne commettrai pas d'adultère ?

8. Je ne volerai qu'aux voleurs

9. Je porterai faux témoignage pour rétablir la justice

10. Je convoiterai et consommerai, je convoiterai et ne consommerai point, je ne convoiterai point et ne consommerai point… bref, je ferai ce qui convient à une éthique du « vivre ensemble ».

Pour en finir

« Le peuple voudrait en finir, or il n'y a pas de fin. » Pierre-Joseph Proudhon

Portons la bonne nouvelle :

Le monde n'a pas besoin de dieu,

il peut s'en passer ;

maintenant, il le sait !

Allons en paix et faisons en sorte qu'il en soit ainsi.

Annexes athées

Les petites phrases

« Rien ne naît jamais, divinement, de rien » dans *De la nature des choses* de Lucrèce (1er siécle av JC)

« L'homme nu et vide (…) anéantissant son jugement pour faire plus de foi à la fois » dans *Essais* de Michel de Montaigne (1533 – 1592)

« Soit croire, soit philosopher » dans *Parerga et Paramipolema* de Arthur Schopenhauer (1788 – 1860)

« Si les bœufs savaient dessiner, ils donneraient aux dieux forme bovine. » Attribué à Xénophane de Colophon, par Clément d'Alexandrie (150 – 220) dans *Stromates*

« C'est par la crainte que les Dieux sont entrés dans le monde. » ¨dans *Thébaïde* livre III de Stace (40 – ??)

« Dieu (…) formule unique pour dénigrer l'en-deçà et répandre le mensonge de l'au-delà » dans *L'Antéchrist* de Friedrich Nietzsche (1844 – 1900)

« – Le marchand : Que sont les êtres humains ?

– Héraclite : Des dieux mortels.

– Le marchand : Que sont les dieux ?

– Héraclite : Des êtres humains immortels. » dans V*ies de philosophes à vendre* de Lucien de Samosate (120 – 190)

Morceaux choisis (extraits de la bible)

Séquence : tentative sodomite

« Les deux anges arrivèrent à Sodome sur le soir; et Loth était assis à la porte de Sodome. Quand Loth les vit, il se leva pour aller au-devant d'eux, et se prosterna la face contre terre. Puis il dit: Voici, mes seigneurs, entrez, je vous prie, dans la maison de votre serviteur, et passez-y la nuit; lavez-vous les pieds; vous vous lèverez de bon matin, et vous poursuivrez votre route. Non, répondirent-ils, nous passerons la nuit dans la rue. Mais Loth les pressa tellement qu'ils

vinrent chez lui et entrèrent dans sa maison. Il leur
donna un festin, et fit cuire des pains sans levain. Et ils
mangèrent. Ils n'étaient pas encore couchés que les
gens de la ville, les gens de Sodome, entourèrent la
maison, depuis les enfants jusqu'aux vieillards; toute
la population était accourue. Ils appelèrent Lot, et lui
dirent: Où sont les hommes qui sont entrés chez toi
cette nuit? Fais-les sortir vers nous, pour que nous les
connaissions. » Genèse 19.1-5 (Point n'est besoin
d'expliquer ce que « connaissions » veut dire)

Séquence : inceste

« Elles firent boire du vin à leur père encore cette
nuit-là ; et la cadette alla coucher avec lui. Il ne
s'aperçut ni quand elle se coucha, ni quand elle se
leva. Les deux filles de Loth devinrent enceintes de
leur père. L'aînée enfanta un fils, qu'elle appela du
nom de Moab. C'est le père des Moabites, jusqu'à ce
jour. La plus jeune enfanta aussi un fils, qu'elle appela

du nom de Ben-Ammil. C'est le père des Ammonites,
jusqu'à ce jour. » Genèse 19..35-38

Séquence : proxénétisme

« *Lorsqu'il fut près d'entrer en Égypte, il dit à sa*
femme Saraï : Vois-tu, je sais que tu es une femme de
belle apparence. Quand les Égyptiens te verront, ils
diront : C'est sa femme, et ils me tueront et te
laisseront en vie. Dis, je te prie, que tu es ma sœur,
pour qu'on me traite bien à cause de toi et qu'on me
laisse en vie par égard pour toi. De fait, quand Abram
arriva en Égypte, les Égyptiens virent que la femme
était très belle. Les officiers de Pharaon la virent et la
vantèrent à Pharaon; et la femme fut emmenée au
palais de Pharaon. Celui-ci traita bien Abram à cause
d'elle : il eut du petit et du gros bétail, des ânes, des
esclaves, des servantes, des ânesses, des chameaux.
Mais Yahvé frappa Pharaon de grandes plaies, et aussi
sa maison, à propos de Saraï, la femme d'Abram.

Pharaon appela Abram et dit : Qu'est-ce que tu m'as fait ? Pourquoi ne m'as-tu pas déclaré qu'elle était ta femme ? Pourquoi as-tu dit : Elle est ma sœur ! en sorte que je l'ai prise pour femme. Maintenant, voilà ta femme : prends-la et va-t'en ! » Genèse (12.1-19)

Séquence : viol

« Comme elle les lui présentait à manger, il la saisit et lui dit: Viens, couche avec moi, ma sœur. Elle lui répondit: Non, mon frère, ne me déshonore pas, car on n'agit point ainsi en Israël; ne commets pas cette infamie. Où irais-je, moi, avec ma honte? Et toi, tu serais comme l'un des infâmes en Israël. Maintenant, je te prie, parle au roi, et il ne s'opposera pas à ce que je sois à toi. Mais il ne voulut pas l'écouter; il lui fit violence, la déshonora et coucha avec elle. Puis Amnon eut pour elle une forte aversion, plus forte que n'avait été son amour. Et il lui dit: Lève-toi, va-t'en! Elle lui répondit: N'augmente pas, en me chassant, le

mal que tu m'as déjà fait. Il ne voulut pas l'écouter, et
appelant le garçon qui le servait, il dit: Qu'on éloigne
de moi cette femme et qu'on la mette dehors. Et ferme
la porte après elle! » Samuel (13.11-17)

Séquence : scatologie

« Tu mangeras des gâteaux d'orge, que tu feras cuire
en leur présence avec des excréments humains. Et
l'Éternel dit: C'est ainsi que les enfants d'Israël
mangeront leur pain souillé, parmi les nations vers
lesquelles je les chasserai. Je dis: Ah! Seigneur Éternel,
voici, mon âme n'a point été souillée; depuis ma
jeunesse jusqu'à présent, je n'ai pas mangé d'une bête
morte ou déchirée, et aucune chair impure n'est
entrée dans ma bouche. Il me répondit: Voici, je te
donne des excréments de bœuf au lieu d'excréments
humains, et tu feras ton pain dessus. » Ezechiel 4.10-
15

Séquence : pornographie

« La parole de Yahweh me fut adressée en ces termes: "Fils de l'homme, il y avait deux femmes, filles d'une même mère. Elles se prostituèrent en Egypte, elles se prostituèrent dans leur jeunesse. Là on a saisi leur mamelles, là on a pressé leur sein virginal. Voici leurs noms: Oolla, la plus grande, et Ooliba, sa soeur. Elles furent à moi, et elles enfantèrent des fils et des filles. Voici leurs noms: Oolla, c'est Samarie; Ooliba, c'est Jérusalem. Oolla me fut infidèle; elle brûla d'amour pour ses amants, les Assyriens, ses voisins. Vêtus de pourpre, gouverneurs et magistrats, tous beaux jeunes hommes, cavaliers montés sur des chevaux. C'est vers eux qu'elle dirigea ses prostitutions, vers toute l'élite des fils de l'Assyrie; et près de tous ceux pour qui elle brûlait d'amour, elle se souilla avec toutes leurs infâmes idoles. Et elle n'abandonna pas ses prostitutions de l'Egypte; car ils l'avaient déshonorée dans sa jeunesse; ils avaient pressé son sein virginal, et

répandu sur elle leur impudicité. C'est pourquoi je l'ai livrée aux mains de ses amants, aux mains des fils de l'Assyrie, pour qui elle avait brûlé d'amour. Ils ont découvert sa nudité; ils ont pris ses fils et ses filles; ils l'ont égorgée avec l'épée. Et elle devint en renom parmi les femmes; car justice en avait été faite. Et sa soeur Ooliba l'a vu, et plus qu'elle elle a rendu pervers ses amours; et ses prostitutions ont surpassé celles de sa soeur. Elle a brûlé d'amour pour les fils de l'Assyrie gouverneurs et chefs, ses voisins richement vêtus, cavaliers montés sur des chevaux, tous beaux jeunes hommes Je vis qu'elle aussi se souillait; toutes deux suivaient la même voie. Elle ajouta encore à ses prostitutions: elle vit des hommes peints sur le mur, des images de Chaldéens peintes au vermillon; ils portaient des ceintures sur leurs reins, ils avaient sur leurs têtes d'amples turbans; tous paraissaient de grands seigneurs. C'étaient les figures des fils de Babylone, dont la Chaldée était la terre d'origine. Elle

brûla pour eux dès que ses yeux les virent, et elle
envoya des messagers vers eux en Chaldée; et les fils
de Babylone vinrent vers elle au lit des amours et ils la
souillèrent par leurs prostitutions, et elle se souilla
avec eux; puis son âme se dégoûta d'eux. Elle fit voir à
découvert ses prostitutions, elle découvrit sa nudité; et
mon âme se dégoûta d'elle, comme mon âme s'était
dégoûtée de sa soeur. Elle a multiplié ses prostitutions,
se rappelant les jours de sa jeunesse, lorsqu'elle se
prostituait au pays d'Egypte. Elle a brûlé pour ses
impudiques, dont les membres sont des membres
d'âne, et l'ardeur lubrique celle des étalons. » Ezechiel
23.1-20

Séquence : horreur

L'esprit du Seigneur fut sur Jephté. Jephté passa par le
Galaad et Manassé, puis il franchit la frontière des fils
d'Ammon. Jephté fit un voeu au Seigneur et dit : "Si
vraiment tu me livres les fils d'Ammon, quiconque

sortira des portes de ma maison à ma rencontre quand je reviendrai sain et sauf de chez les fils d'Ammon, celui-là appartiendra au Seigneur et je l'offrirai en holocauste". Jephté franchit la frontière des fils d'Ammon pour leur faire la guerre et le Seigneur les lui livra. Il les battit...Ce fut une très grande défaite; ainsi les fils d'Ammon furent abaissés devant les fils d'Israël.

Tandis que Jephté revenait vers sa maison à Miçpa, voici que sa fille sortit à sa rencontre, dansant et jouant du tambourin. Elle était son unique enfant : il n'avait en dehors d'elle ni fils, ni fille. Dès qu'il la vit, il déchira ses vêtements et dit : "Ah ! ma fille, tu me plonges dans le désespoir; tu es de ceux qui m'apportent le malheur; et moi j'ai trop parlé devant le Seigneur et je ne puis revenir en arrière". Mais elle lui dit : "Mon père, tu as trop parlé devant le Seigneur; traite-moi selon la parole sortie de ta bouche puisque le Seigneur a tiré vengeance de tes ennemis, les fils d'Ammon". Puis elle dit à son père : "Que ceci me soit accordé : laisse-moi seule pendant deux mois pour que j'aille errer dans les montagnes et pleurer sur ma virginité, moi et mes compagnes". Il lui dit : "Va" et il la laissa partir deux mois; elle s'en alla, elle et ses compagnes et elle pleura sur sa virginité dans les montagnes. A la fin des deux mois elle revint chez son père et il accomplit sur elle le voeu qu'il avait prononcé. Or elle n'avait pas connu d'homme et cela devint une coutume en Israël que d'année en année les filles d'Israël aillent célébrer la fille de Jephté, le Galaadite, quatre jours par an. (Juges 11.29-40)

Tout se termine en chansons

Ni dieu, ni maitre - **Léo Ferré**

La cigarette sans cravate

Qu'on fume à l'aube démocrate

Et le remords des cous-de-jatte

Avec la peur qui tend la patte

Le ministère de ce prêtre

Et la pitié à la fenêtre

Et le client qui n'a peut-être

Ni Dieu ni maître

Le fardeau blême qu'on emballe

Comme un paquet vers les étoiles

Qui tombent froides sur la dalle

Et cette rose sans pétales

Cet avocat à la serviette

Cette aube qui met la voilette

Pour des larmes qui n'ont peut-être

Ni Dieu ni maître

Ces bois que l'on dit de justice

Et qui poussent dans les supplices

Et pour meubler le sacrifice

Avec le sapin de service

Cette procédure qui guette

Ceux que la société rejette

Sous prétexte qu'ils n'ont peut-être

Ni Dieu ni maître

Cette parole d'Evangile

Qui fait plier les imbéciles

Et qui met dans l'horreur civile

De la noblesse et puis du style

Ce cri qui n'a pas la rosette

Cette parole de prophète

Je la revendique et vous souhaite

Ni Dieu ni maître

L'antéchrist - **Georges Brassens**

Je ne suis pas du tout l'Antéchrist de service,
J'ai même pour Jésus et pour son sacrifice
Un brin d'admiration, soit dit sans ironie.
Car ce n'est sûrement pas une sinécure,
Non, que de se laisser cracher à la figure
Par la canaille et la racaille réunies.

Bien sûr, il est normal que la foule révère
Ce héros qui jadis partit pour aller faire
L'alpiniste avant l'heure en haut du Golgotha,
En portant sur l'épaule une croix accablante,
En méprisant l'insulte et le remonte-pente,
Et sans aucun bravo qui le réconfortât !

Bien sûr, autour du front, la couronne d'épines,
L'éponge trempée dans Dieu sait quelle bibine,
Et les clous enfoncés dans les pieds et les mains,
C'est très inconfortable et ça vous tarabuste,

Même si l'on est brave et si l'on est robuste,
Et si le paradis est au bout du chemin.

Bien sûr, mais il devait défendre son prestige,
Car il était le fils du ciel, l'enfant prodige,
Il était le Messie et ne l'ignorait pas.
Entre son père et lui, c'était l'accord tacite :
Tu montes sur la croix et je te ressuscite !
On meurt de confiance avec un tel papa.

Il a donné sa vie sans doute mais son zèle
Avait une portée quasi universelle
Qui rendait le supplice un peu moins douloureux.
Il savait que, dans chaque église, il serait tête
D'affiche et qu'il aurait son portrait en vedette,
Entouré des élus, des saints, des bienheureux.

En se sacrifiant, il sauvait tous les hommes.
Du moins le croyait-il ! Au point où nous en sommes,
On peut considérer qu'il s'est fichu dedans.
Le jeu, si j'ose dire, en valait la chandelle.

Bon nombre de chrétiens et même d'infidèles,

Pour un but aussi noble, en feraient tout autant.

Cela dit je ne suis pas l'Antéchrist de service.

Le bon Dieu – Jacques Brel

Toi

Toi, si t'étais l'bon Dieu

Tu f'rais valser les vieux

Aux étoiles

Toi

Toi, si t'étais l'bon Dieu

Tu allumerais des bals

Pour les gueux

Toi

Toi, si t'étais l'bon Dieu

Tu n's'rais pas économe

De ciel bleu

Mais

Tu n'es pas l'bon Dieu

Toi, tu es beaucoup mieux

Tu es un homme

Tu es un homme
Tu es un homme

Bibliographie

S'ajoutent aux œuvres déjà citées :

Vies et doctrines des philosophes illustres de Diogène Laërce Le Livre de Poche

Histoire de la pensée de Lucien Jerphagnon – Tallandier

Histoire de la philosophie sous la direction de Jean-François Pradeau – Seuil

Le réel, traité de l'idiotie de Clément Rosset – Les éditions de minuit

L'esprit des lumières de Tzvetan Todorov – Robert Laffont

Les nouveaux soldats du pape de Caroline Fourest et Fiammetta Venner – Panama

Dieu n'est pas grand de Christopher Hitchens – Belfond

Croyance, raison et déraison sous la direction de Gérard Fussman – Odile Jacob

Traité des trois impostures Moïse, Jésus, Mahomet de ??? – Max Milo

Lucy et l'obscurantisme de Pascal Picq – Odile Jacob

Un candide en terre sainte de Régis Debray – Gallimard

La société intégrale de Cédric Lagandré – Climat

Traité d'athéologie de Michel Onfray – Grasset

Socrate dans la nuit de Patrick Declerck – Gallimard

TABLE